C·H·Beck
PAPERBACK

Karl-Heinz Meier-Braun

SCHWARZBUCH MIGRATION

Die dunkle Seite unserer Flüchtlingspolitik

C.H.BECK

Satz: C.H.Beck.Media.Solutions, Nördlingen
Druck und Bindung: Druckerei C.H.Beck, Nördlingen
Umschlaggestaltung: Geviert, Grafik und Typografie, Christian Otto, unter Verwendung eines Motivs von Shutterstock
Gedruckt auf säurefreiem, alterungsbeständigem Papier (hergestellt aus chlorfrei gebleichtem Zellstoff)
ISBN 978 3 406 72164 9
Printed in Germany

www.chbeck.de

Inhalt

1. Einleitung

Flüchtlinge sind keine anonyme Masse, sondern Menschen wie Doaa aus Syrien. Ihr Schicksal und ihre Flucht über das Mittelmeer hat die UNO-Flüchtlingshilfe dokumentiert. Die 19-Jährige war eine ehrgeizige Schülerin, die vor dem Bürgerkrieg mit ihrer Familie nach Ägypten floh, wo sie ohne Arbeitserlaubnis am Rande der Gesellschaft lebte. Mit ihrem Freund Bassem, der um ihre Hand anhielt, beschloss sie, nach Europa zu fliehen, um dort in Schweden bei Landsleuten eine gemeinsame Zukunft aufzubauen. Bassem übergab sein gesamtes Erspartes – 5000 Dollar – an die Menschenschmuggler, die sie auf ein überfülltes Fischerboot brachten. 500 Menschen waren darauf zusammengepfercht, davon 300 unter Deck.

Nach drei Tagen auf See verlor Doaa den Glauben an eine sichere Ankunft. «Wir werden ertrinken», sagte sie zu Bassem. Ein verrostetes Boot kam am vierten Tag auf sie zu. Die Flüchtlinge weigerten sich, in das neue Gefährt überzuwechseln, die Menschenhändler rammten ein Loch in das Fischerboot und lachten: «Mögen die Fische Euer Fleisch fressen!» Das Boot kenterte innerhalb weniger Minuten. Die 300 Menschen, die unter Deck gefangen waren, hatten keine Chance. Doaa erinnert sich: «Ich hörte, wie Menschen schrien und sah, wie ein Kind vom Propeller in Stücke zerrissen wurde.» Hunderte Leichen schwammen um sie herum. Diejenigen, die überlebt hatten, fanden sich in Gruppen zusammen und beteten. Bassem versorgte seine Verlobte mit einem Rettungsring, weil sie nicht schwimmen konnte. Viele Flüchtlinge verloren in der folgenden Nacht die Kräfte. Doaa schildert, wie Männer ihre Rettungswesten abnahmen und ertranken. Einer von ihnen übergab ihr kurz vor seinem Tod seine neun Monate alte Enkelin Melek. Doaa musste mit ansehen, wie auch Bassem die Kräfte verließen und wie er starb. Trotz ihrer Trauer nahm sie ein weiteres Kind auf. In der Gewissheit, dass sie selbst nicht überleben würde, übergab die Mutter ihr das 18 Monate alte Mädchen, Masa. Nun war Doaa für zwei völlig erschöpfte Kinder verantwortlich, die weinten, vor Hunger und Durst. Sie erzählte ihnen Geschichten und sang für die Mädchen, zwei Tage vergingen. Dann sah Doaa ein Handelsschiff. Zwei Stunden rief sie um Hilfe, bis sie gerettet wurde. Nur 11 von den 500 Flüchtlingen überlebten.

Eine offizielle Untersuchung der Katastrophe hat es nie gegeben. Das Interesse der Medien flaute nach kurzer Zeit ab. Melek starb noch an Bord des Schiffes, das sie gerettet hatte, die kleine Masa überlebte wie durch ein Wunder, nach vier Tagen auf dem Meer, in einem Krankenhaus in Griechenland, wohin sie ein Rettungshubschrauber gebracht hatte. Über Facebook wurde schließlich sogar ein Onkel des kleinen Mädchens gefunden, wie die UNHCR-Pressesprecherin Melissa Fleming berichtete. Doaa hat es inzwischen bis nach Schweden geschafft.

Sobald ein anonymer «Flüchtling» einen Namen, eine Geschichte und ein Gesicht bekommt, fällt es sehr viel schwerer, sein Leid zu ignorieren und sich hartherzig zu zeigen. Es handelt sich um Menschen mit Gefühlen, Hoffnungen und schweren Schicksalen. Das gerät in der aktuellen Debatte leicht in Vergessenheit, wenn in abstrakten Begriffen von «Flüchtlingswellen», «Migrationsströmen» oder gar, auf Seiten der Rechtspopulisten, von «Invasoren» die Rede ist. Was es für die Zuflucht suchenden Menschen ganz konkret bedeutet, wenn sich Europa abschottet, lässt sich hinter solchen

Worten gut verbergen. Dann fällt es leichter, das Elend der Flüchtlinge zu verdrängen.

Melissa Fleming, die Doaas Schicksal in einem Buch festgehalten hat, fragt zu Recht, warum die junge Syrerin nicht auf legalem Wege nach Europa kommen durfte und warum sie und viele andere Flüchtlinge solche Tragödien erleiden müssen. Warum gibt es nicht massive Aufnahmeprogramme für syrische Flüchtlinge in Europa? Eine Frage, die sich in der «Flüchtlingskrise» viele stellten. Im Januar 2016 äußerte sich sogar Bundeskanzlerin Angela Merkel in diese Richtung, zu einer Zeit, als Deutschland weltweit für seine offene Flüchtlingspolitik und Willkommenskultur gelobt wurde: «Dass eine EU mit 500 Millionen Menschen nicht eine Million Syrer aufnehmen kann, das leuchtet mir nicht ein. Das wird kein gutes Bild unseres Kontinents abgeben.»

Doch ist Deutschland wirklich so viel besser als der Rest Europas? Fühlen wir uns zu Recht als «Weltmeister der Menschlichkeit»? Tatsächlich gab es die «offenen Grenzen» des Herbstes 2015 nur wenige Wochen und sie waren in Sachen Zuwanderung die absolute Ausnahme in Deutschland. Ihren Ursprung hatte die «Willkommenskultur» in der Zivilgesellschaft, die die Flüchtlinge mit offenen Armen aufnahm. Zehn Prozent der deutschen Bevölkerung haben aktiv geholfen, 30 Prozent gespendet. Eine bisher nie da gewesene Hilfsbereitschaft, die bis heute anhält. Allzu schnell geriet darüber in Vergessenheit, wie sehr die deutsche Migrationspolitik zuvor und unmittelbar danach darauf abzielte, die Grenzen abzuschotten und ihre Sicherung auf andere Staaten abzuwälzen.

Während die deutsche Politik offiziell lange an der «Willkommenskultur» festhielt, und die deutsche Öffentlichkeit den Rest Europas für hartherzig erklärte, begannen schon im Herbst 2015 die Versuche, die Zahl der Flüchtlinge wieder zu reduzieren und die Außengrenzen Europas besser zu sichern: durch fragwürdige Deals mit problematischen Regimen in der Türkei und in Afrika, durch Verlagerung des Problems auf Südeuropa und durch eine aktive Bekämpfung der Fluchtursachen. Zudem erlebte das Land eine zuvor ungeahnte Verschärfung des Asylrechts – was allerdings die rechten Kritiker der Flüchtlingspolitik nicht davon abhielt, weiterhin von unkontrollierter Zuwanderung zu reden.

Der Journalist Johannes Simon stellte im November 2017 in den «Blättern für deutsche und internationale Politik» fest, die ganze deutsche Debatte um die «Flüchtlingskrise» sei von einer «grundlegenden Unehrlichkeit» geprägt. Viele wünschten sich die Abschottung, scheuten sich aber zu benennen, was das konkret heiße. Die Politik verpacke ihre Handlungen in der Flüchtlingsfrage in «euphemistische Watte». Diesen Schleier wegzuziehen und zu zeigen, welche Flüchtlingspolitik Deutschland und Europa tatsächlich verfolgen, ist das Anliegen dieses Buches. Denn sie wird auf dem Rücken der Schwächsten ausgetragen. Nach den harten Debatten der letzten Jahre sind viele nur allzu froh wegschauen zu können. Und die Bundesregierung setzte im Vorfeld der Wahlen – wenn auch vergeblich – alles daran, das Thema aus der Diskussion zu halten. Es gab eine Art unausgesprochenen Konsens: Wenn es wieder gelang, Deutschland die Flüchtlinge vom Leib zu halten, dann wollten viele nicht zu genau wissen, auf welche Weise das erreicht wurde.

Doch das Wegschauen ist ein Luxus, den wir uns nicht leisten können. Die globalen Fluchtbewegungen hören nicht auf, wenn wir uns für die Vogel-Strauß-Politik entscheiden. Und die europäische Abschottungspolitik führt dazu, dass ganz konkreten Menschen unfassbares Leid zugefügt wird, nicht nur, aber vor allem in Libyen. Würde diese Politik auch eine Mehrheit finden, wenn diese Konsequenzen allen plastisch vor Augen stünden? Vielleicht ja, vielleicht auch nicht. Aber zumindest sollten sie allen bewusst sein, die für diese Politik Verantwortung tragen – und das sind in letzter Konsequenz alle Staatsbürger unserer Demokratie.

Fast 40 Jahre lang habe ich mich als Redaktionsleiter und Integrationsbeauftragter des Südwestrundfunks (SWR) bzw. seines Vorläufers, dem Süddeutschen Rundfunk (SDR), als Wissenschaftler und ehrenamtlich Engagierter mit dem Thema Flucht und Migration beschäftigt. Wenn ich heute auf die eigenen Beiträge und Veröffentlichungen schaue, dann muss ich mir an vielen Stellen die Augen reiben. Denn es gibt in der Ausländerpolitik so gut wie nichts, was es nicht schon einmal gegeben hätte. «Gefährlicher Sommer. Italien in Bedrängnis. Zum zweiten Mal seit dem Frühjahr ist das Land von einer Flüchtlingswelle ... überrascht worden.» Dieser Zeitungsausschnitt aus dem «SPIEGEL» stammt nicht vom Sommer 2015, vom Höhepunkt der sogenannten Flüchtlingskrise, sondern aus dem Sommer 1991. Damals erreichten über Nacht 15 000 irreguläre Migranten aus Albanien mit ihrem schrottreifen Schiff Vlora den italienischen Hafen Bari. Kurze Zeit später landeten an einem Tag rund 27 000 Albaner in Brindisi, bis heute das größte Ereignis dieser Art in der Geschichte der Flüchtlingszuwanderung im Mittelmeer. An die Bilder von den überfüllten Booten schien sich nach 24 Jahren aber kaum noch jemand zu erinnern, als die «Krise» erneut ausbrach.

Wer sich noch an die Debatten voriger Jahrzehnte erinnern konnte, erlebte ein Déjà-vu. Die Diskussionen wiederholten sich unter dem Motto «Alles schon mal dagewesen». Sogenannte «Asylkrisen» durchlief Deutschland nämlich bereits in den Jahren 1979/80 und 1992/93, selbst in der «Gastarbeiter- und Aussiedlerzeit» befand sich die Republik im Krisenmodus. Aus den Erfahrungen und Fehlern der Vergangenheit wurde nichts gelernt, die Chancen für eine zukunftsorientierte Migrations- und Flüchtlingspolitik – ein Einwanderungsgesetz – mehrmals verschenkt. Die aktuelle «Flüchtlingskrise» ist nicht neu und keine «Krise der Flüchtlinge», sondern eine Krise nicht nur der deutschen, sondern auch der europäischen Migrations- und Flüchtlingspolitik, ja der Europäischen Union. Die EU hat versagt und zugesehen, wie das Mittelmeer zum Massengrab geworden ist.

Erstaunlich ist in der Rückschau eher, wie gut die Integration der inzwischen über 18 Millionen Menschen mit Migrationshintergrund in Deutschland größtenteils gelungen ist, angesichts der chaotischen und eher schädlichen Politik der letzten Jahrzehnte. Ein ganz erheblicher Teil dieser Eingliederung in unser Land haben die Einwanderinnen und Einwanderer selbst vollbracht, unterstützt von vielen Menschen in Deutschland, außerhalb staatlicher Hilfen oder Fördermaßnahmen, beispielsweise im schulischen Bereich, lange bevor das Schlagwort von der «Willkommenskultur» in Mode kam.

***

Die Idee für dieses Buch kam von Dr. Sebastian Ullrich, Lektor beim C.H.Beck Verlag, mit dem mich eine außergewöhnlich gute Zusammenarbeit verbindet. Ich danke ihm dafür. Prof. Dr. Klaus J. Bade, danke ich für Anregungen, aber auch Kritik. Ihm und dem anderen Altmeister der deutschen Migrationsforschung, Prof. Dr. Dieter Oberndörfer, stellvertretend für alle, die seit den frühen 1980er Jahren Forderungen gestellt und warnende Voraussagen gemacht haben, die nichts an Aktualität verloren haben, widme ich dieses Buch. Es stützt sich im historischen Teil auf zahlreiche Untersuchungen und Veröffentlichungen des Autors, im aktuellen Teil auf eine umfassende Recherche, unter anderem auf die

Auswertung umfassender Dokumentationen, Berichte und einer Pressedatenbank. Gewisse Überschneidungen und Wiederholungen dienen der Verdeutlichung und werden deshalb bewusst in Kauf genommen. Was die weiteren Daten und Fakten eingeht, so sei auf mein Buch «Einwanderung und Asyl. Die 101 wichtigsten Fragen», ebenfalls erschienen im C.H.Beck Verlag, verwiesen.

2. Offene Grenzen? Wie sich Deutschland die Flüchtlinge vom Leib hält

Deutschland zwei Jahre nach der «Öffnung der Grenzen». Das Motto müsste lauten: «Wir haben es wieder einmal geschafft – die Flüchtlinge abzuwehren!» Im Jahr 2017 wurden 186 644 Asylsuchende in Deutschland registriert, deutlich weniger als in den Vorjahren. Ein Jahr zuvor waren es noch rund 280 000 und im Jahr 2015 sogar ca. 890 000 Menschen, die Asyl in Deutschland suchten. Auch 2017 kamen die meisten Flüchtlinge aus diesen Ländern, in denen Gewalt und Menschenrechtsverletzungen herrschen: aus Syrien (47 434), aus dem Irak (21 043), aus Afghanistan (12 346) und aus Eritrea (9524). In der Europäischen Union insgesamt ist die Zahl der Asylanträge stark zurückgegangen und hat sich 2017 gegenüber den letzten Jahren mehr als halbiert. Wenn man maßgebliche Kriterien wie die inhaltlichen Entscheidungen berücksichtigt, beträgt die Erfolgsquote bei den Asylanträgen in Deutschland immer noch rund 44 Prozent. Die Balkanroute ist fast gänzlich geschlossen, das östliche Mittelmeer abgedichtet, und ein «schmutziger Deal» mit der Türkei wurde ebenso geschlossen wie fragwürdige Abkommen mit afrikanischen Staaten oder instabilen Regimen wie in Libyen. Abschreckungsmaßnahmen, immer weiter verschärfte Asylverfahren und beschleunigte Abschiebungen – all das hat dazu geführt, dass die Zahl der Flüchtlinge drastisch zurückgegangen ist und das europäische Abwehrbollwerk bis nach Afrika verlagert wurde.

Die Krise schien vorüber zu sein. Die Bundesregierung und die sie tragenden Parteien (CDU/CSU und SPD) glaubten offenbar, das Thema abhaken zu können. Eine Fehleinschätzung, die sich am Wahltag, dem 24. September 2017, bitter rächen sollte. Mit fast 13 Prozent der Stimmen zog zum ersten Mal im Nachkriegsdeutschland eine rechtsextreme Partei in den Bundestag ein. In Sachsen wurde die AfD sogar stärkste politische Kraft und überflügelte die CDU. Sie konnte mit ihrer Kampagne gegen eine angeblich zu liberale Flüchtlingspolitik punkten, obwohl die Realität längst anders aussieht.

Die Schließung der Balkanroute

Europa im Jahre 2017: Der Osten ist zwar nicht mit neuen Mauern umgeben, aber mit Zäunen, die diesmal nicht gegen den «Westen» gerichtet sind, sondern zur Abwehr der Flüchtlinge aus dem Süden dienen. Nicht nur haben Deutschland, Österreich, Dänemark und Schweden wieder Grenzkontrollen eingeführt, sie haben auch, wie Österreich, Zäune und Überwachungstechnik nach Mazedonien geliefert, das damit seine Grenze zu Griechenland dichtgemacht hat. Bulgarien hat seine Grenze zur Türkei ebenfalls abgeschottet. Ungarn, wo sich im September 2017 sage und schreibe weniger als 600 Asylbewerber aufhielten, hat seine Grenzen zu Serbien und Kroatien mit Stacheldraht gesichert. Bei vier Grenzübergängen wurden «Transitzonen» eingerichtet. Pro Arbeitstag werden seit Januar 2017 nur maximal zehn Menschen in jede Zone gelassen. Nach Angaben der IOM, der Internationalen Organisation für Migration, müssen Asylbewerber mindestens sechs Monate vor den Eingangstoren auf der serbischen Seite warten, bevor sie die Transitzone betreten dürfen. So lange müssen sie in Camps ausharren. Diejenigen, die versuchen, illegal über die Grenze zu kommen, müssen mit der extremen Brutalität der Grenzbeamten rechnen, von deren Methoden sich sogar die europäische Grenzschutzagentur FRONTEX distanziert hat. Zur Abschreckungspolitik Ungarns gehört weiterhin, dass Flüchtlinge, die als Asylberechtigte anerkannt wurden, höchstens einen Monat lang staatliche Unterstützung bekommen Danach werden sie wieder ihrem Schicksal überlassen.

Um die Balkanroute dauerhaft zu versperren, schloss die EU zudem ein fragwürdiges Abkommen mit der Türkei, das seit dem 4. April 2016 angewendet wird. Asylsuchende, die sich auf dem Boden der Türkei aufgehalten haben und nach Griechenland zu gelangen versuchen, sollen zurückgeschickt werden. Für jeden abgeschobenen Flüchtling soll ein anderer, der sich legal in der Türkei befindet, in der EU aufgenommen werden. Doch ist für diesen Mechanismus eine Obergrenze von 72 000 Flüchtlingen vorgesehen («Eins-zu-eins-Mechanismus»). Dafür wurden der Türkei im Gegenzug zunächst drei Milliarden Euro zugesagt und die Visafreiheit für Reisen in die EU in Aussicht gestellt, woraus aber nichts wurde. Weitere drei Milliarden Euro will die Kommission bis Ende 2018 bereitstellen. Mit dem Geld sollen Flüchtlinge besser versorgt werden, beispielsweise durch Projekte in den Bereichen Gesundheit, Bildung oder Lebensmittelkosten. Durch dieses «Flüchtlingskarussell» stiehlt sich die EU aus der Verantwortung und verlagert das Problem «weit hinten in die Türkei». Was mit den Flüchtlingen passiert, die dorthin zurückgeschoben werden, weiß keiner so genau. Die EU-Kommission verkaufte das Abkommen noch im September 2017 als großen Erfolg. Dabei sieht die Bilanz sehr bescheiden aus, was die Zahlen angeht. Bis September 2017 wurden kaum Flüchtlinge von Griechenland in die Türkei abgeschoben: Gerade einmal 1900 waren es. Die meisten Flüchtlinge harren noch auf den griechischen Inseln aus. Insgesamt nur 8800 syrische Flüchtlinge wurden im Rahmen des «Eins-zu-eins-Mechanismus» auf andere Mitgliedstaaten der EU verteilt. Für dieses Umsiedlungsprogramm kommen Flüchtlinge mit sogenannter guter Bleibeperspektive wie Syrer oder Eritreer und besonders Schutzbedürftige wie Frauen oder Kranke in Frage. Bis zum September 2017 wurden zudem nur 838 Millionen Euro von den versprochenen Geldern an die Türkei ausgezahlt.

Während das Umsiedlungsprogramm rudimentär blieb, entwickelte das Abkommen allerdings schnell eine abschreckende Wirkung. Zudem erschwerte die Türkei – als Gegenleistung – die illegale Ausreise nach Griechenland. Erklärtes Ziel der Vereinbarung ist es nach den Worten des Europäischen Rates, «die irreguläre Migration aus der Türkei in die EU zu beenden». Die Türkei werde «alle erforderlichen Maßnahmen ergreifen, um zu verhindern, dass neue See- oder Landrouten für die illegale Migration von der Türkei in die EU entstehen», heißt es in der Pressemitteilung zum Abkommen. Die Zahlen gingen in der Folge stark zurück. Dies lag allerdings auch daran, dass die Türkei nun an ihren Grenzen zu Syrien eine Mauer errichtete. Auch die anderen Nachbarstaaten haben ihre Grenzen zu Syrien abgeriegelt, so dass die Bürgerkriegsflüchtlinge praktisch im eigenen Land eingeschlossen sind – ein einzigartiger Vorgang in der Flüchtlingsgeschichte. Der Preis für die Abschottung ist allerdings nicht nur ein moralischer. Europa hat sich mit dem Türkei-Abkommen in ein problematisches Abhängigkeitsverhältnis zu dem autoritär regierenden Präsidenten Erdoğan begeben. Als das Europaparlament im November 2016 forderte, die EU-Beitrittsverhandlungen mit der Türkei vorläufig einzufrieren und das mit «unverhältnismäßigen Repressionen» seit dem gescheiterten Militärputsch im Juli begründete, drohte Erdoğan mit der Grenzöffnung für Flüchtlinge.

Asylrechtsverschärfung im Eiltempo

Doch nicht nur in der Außenpolitik könnte der Kontrast zur offiziell nie zurückgenommenen «Willkommenskultur» nicht größer sein. Auch im Inneren prägt sie schon lange nicht mehr den Umgang mit Flüchtlingen. In den letzten Jahren wurde die Asylpolitik in so rascher Folge verschärft, dass selbst Fachleute Schwierigkeiten haben, auf dem Laufenden zu bleiben. Kaum dass Änderungen in Kraft waren und oftmals ohne dass überhaupt die Gelegenheit bestanden hätte, bereits geltendes Recht erst einmal konsequent anzuwenden, wurden Rufe nach härteren Regelungen laut, die dann auch prompt in Angriff genommen wurden. So beschloss der Bundestag am 15. Oktober 2015 im Eilverfahren – gängige, fast schon «normale» Praxis in diesem Bereich seit Jahrzehnten – das sogenannte Asylpaket I, das schon am Tag darauf den Bundesrat passierte und wenige Tage später in Kraft trat.

Durch das sogenannte Asylpaket II wurde das Asylrecht dann im Marz 2016 erneut verschärft. Im Zusammenhang mit der Diskussion um die Kölner Silvesternacht wurden zudem Ausweisungen erleichtert. Im Juli 2017 folgte das «Gesetz zur besseren Durchsetzung der Ausreisepflicht», weil Abschiebungen die Diskussion bestimmten. Doch schon 2015 hatte die Zahl der Abschiebungen doppelt so hoch gelegen wie im Vorjahr. Die Zahl derjenigen, die ohne Zwang ausreisten, war sogar dreimal so hoch wie 2014, wobei die faktische Zahl noch größer ist, weil die amtliche Statistik nur solche «freiwilligen Fälle» erfasst, bei denen Geld für die Rückkehr gezahlt wurde. Rund 27000 Flüchtlinge wurden abgeschoben, 54000 reisten freiwillig aus. Trotzdem wird der Wählerschaft suggeriert, es gebe zu wenig Abschiebungen und man müsse die Bestimmungen immer weiter verschärfen. Heribert Prantl geißelte die Änderungen des Asylrechts mit den Worten «das Schärfste und Schäbigste, was einem deutschen Ministerium seit Langem eingefallen ist». Maximilian Popp vom «SPIEGEL» kritisierte: «Das Gesetz zum Bleiberecht ist für den Mob geschrieben.»

Der CDU-Bundestagsabgeordnete Thorsten Frei äußerte sich dagegen im Juli 2016 so: «Wir haben eine Spaltung der Gesellschaft und brauchen eine neue Abschiebekultur.» Und der CDU-Innenexperte im Bundestag, Armin Schuster, fügte hinzu: «Wir brauchen eine Abschiedskultur.» Um die Abschiebungen zu beschleunigen, wurde im März 2017 so etwas wie ein Bundesausreisezentrum eingerichtet. Es wurden finanzielle Anreize zur freiwilligen Rückkehr in die Hauptverfolgerstaaten wie Syrien oder Eritrea geschaffen, und kurz vor den Bundestagswahlen kam es am 13. September 2017 zu einer spektakulären Sammelabschiebung von acht Flüchtlingen nach Afghanistan. Nach dem verheerenden Anschlag nahe der deutschen Botschaft in Kabul im Mai waren die Abschiebungen ausgesetzt worden. Vergeblich hatten Menschenrechtsorganisationen einen Abschiebestopp gefordert und auf die zahlreichen Lageberichte hingewiesen, die belegen, wie unsicher das Land nach wie vor ist. Selbst den Abschiebestopp nach Syrien wollten Sachsen und Bayern bei der Herbstkonferenz der Innenminister im Dezember 2017 aushebeln. Ihr Antrag, diesen Stopp nur bis zum Sommer 2018 zu verlängern, fand allerdings keine Mehrheit, erreichte aber einen Teilerfolg. Eine Neubewertung der Sicherheitslage in dem Bürgerkriegsland soll erfolgen, danach wollen sich die Innenminister erneut mit dem Abschiebestopp beschäftigen. Vorerst blieb es dabei, die Abschiebungen bis Ende 2018 auszusetzen.

Durch die Gesetzesänderungen vom Juli 2017 können Mitarbeiter des Bundesamtes für Migration und Flüchtlinge (BAMF) künftig Datenträger wie Handys und Tablets auslesen, um die Identität und Herkunft von Flüchtlingen zu klären. Die Bundesdatenschutzbeauftragte Andrea Voßhoff bezweifelte, dass diese Bestimmungen verfassungsgemäß sind. Das Auslesen von persönlichen Daten, wie sie sich im Speicher von Smartphones finden, sei ein «schwerwiegender Grundrechtseingriff», der nur dann gerechtfertigt wäre, wenn ihm ein «gewichtiger Zweck gegenüberstünde». Dies sei aber nicht der Fall, weil die Daten höchstens Indizien für die Identität lieferten. So wird nicht zum ersten Mal in der Asyl- und Migrationspolitik bis an die Grenzen des verfassungsgemäß Möglichen gegangen und sogar in Kauf genommen, dass man diese überschreitet, um konsequentes Handeln in der «Flüchtlingskrise» zur Schau zu stellen.

Wie schon in der «Gastarbeiterzeit» wurde zudem der Familiennachzug eingeschränkt oder sogar ausgesetzt, was wiederum verfassungsrechtliche Bedenken hervorruft, denn das Grundgesetz und die Europäische Grundrechtecharta schützen das Recht auf Familie für alle Menschen in Deutschland. Der Bundesinnenminister kündigte im September 2017 an, dass der Stopp des Familiennachzugs bei Flüchtlingen mit subsidiärem, also vorübergehendem Schutz über die bisher beschlossenen zwei Jahre hinaus verlängert werden soll. Den Familiennachzug von Flüchtlingen aus Griechenland zu Verwandten in Deutschland hatte das Bundesinnenministerium still und heimlich auf unter 100 Personen pro Monat begrenzt. Hier bestand also schon so etwas wie die viel diskutierte «Obergrenze», wenn auch in kleinerem Rahmen, als sie beispielsweise von der CSU gefordert wurde. Ende September 2017 prangerte das Verwaltungsgericht Wiesbaden dieses Verfahren an und verfügte, dass eine syrische Familie aus Griechenland zu ihrem Sohn nach Deutschland zu überstellen sei. Die rechtswidrige Deckelung des Transfers aus Griechenland führte dazu, dass über 3000 engste Familienangehörige wie

Ehegatten oder minderjährige Kinder in Griechenland auf ihre Überstellung zu ihren Angehörigen in Deutschland warteten.

Im November 2017 traten deshalb Flüchtlinge in Athen in einen Hungerstreik. Das Bundesinnenministerium dementierte allerdings die Meldungen, es würde den Familiennachzug absichtlich verzögern. Die von Touristen ausgebuchten Flugzeuge während der Ferienmonate oder die geringere Zahl von Mitarbeitern im Europäischen Unterstützungsbüro für Asylfragen (EASO) während der Sommerzeit führten zeitweise zu Verzögerungen, so das Ministerium. Der griechische Migrationsminister Ioannis Mouzalas dagegen bestätigte den Vorwurf, wonach «Transfers zur Familienzusammenführung nach Deutschland wie besprochen verlangsamt» würden und verwies auf eine entsprechende Übereinkunft mit Deutschland.

Die Aussetzung des Familiennachzugs trieb Kinder und Frauen in die Hände von Schlepperbanden, mit deren Hilfe sie sich zu ihren Angehörigen durchschlagen wollten, die es nach Europa geschafft hatten. Der Präsident der Diakonie Deutschland, Ulrich Lilie, brachte es auf den Punkt: «Wer aus wahltaktischer Opportunität verhindert, dass Geflüchtete ihre engsten Angehörigen nachholen, darf sich nicht über schwerwiegende Folgen wie Desintegration wundern.» Gegen die Aussetzung des Familiennachzugs haben im Übrigen viele Betroffene erfolgreich vor den Gerichten geklagt.

Bei den Sondierungsgesprächen zwischen CSU, CDU, FDP und Bündnis 90/Die Grünen im November 2017 spielte das Thema Familiennachzug dann eine zentrale Rolle, so als ob es sich dabei um eine der wichtigsten Fragen für die Zukunft Deutschlands handele. Das symbolisch hochgradig aufgeladene Thema belastete die Gespräche. Am 17. November warnte FDP-Vizefraktionschef und Verhandlungsführer Michael Theurer in einem Fernsehinterview vor einer großzügigen Handhabung, «weil nach Angaben des Kanzleramtes bis zu 750000 Menschen dann zu uns kämen». Dabei hatte das BAMF seine Prognosen aus dem Herbst 2015 längst massiv nach unten korrigiert. Als das Bundesinnenministerium im Oktober 2017 durch eine Bundestagsanfrage um belastbare Zahlen zum Familiennachzug gebeten wurde, sah es sich nicht in der Lage, diese vorzulegen. Eine Untersuchung des Instituts für Arbeitsmarkt- und Berufsforschung (IAB), die auf einer repräsentativen Befragung von Geflüchteten beruht, kommt zu dem Ergebnis, dass alles in allem maximal 180000 Angehörige nach Deutschland kämen, falls der Familiennachzug ab März 2018 wieder zugelassen würde. Bei den subsidiären Schutzberechtigten, um die der Streit tobte, sind es etwa 50000 bis 60000 Angehörige. «Ob wirklich so viele kommen, weiß man aber nicht», sagt Herbert Brücker vom IAB. «Sehr viel höhere Schätzungen, die teilweise in der öffentlichen Debatte genannt werden, haben nach meinem Eindruck keine Grundlage», so Brücker. Hinzu kommt, dass die praktischen und bürokratischen Hürden für den Familiennachzug sehr hoch sind.

Die vergleichsweise geringen Zahlen erklären sich daraus, dass viele Geflüchtete ledig und kinderlos sind oder ihre Familienangehörigen bereits frühzeitig mit nach Deutschland gebracht haben. Trotzdem blieb das Thema Familiennachzug ein Knackpunkt in den Verhandlungen vor allem zwischen der CSU und den Grünen. Boris Palmer, grüner Bürgermeister von Tübingen ermahnte seine Partei in diesem Zusammenhang zu einer «pragmatischen Politik». Die Mehrheit der Menschen im Land wolle mehr Begrenzung und Steuerung in der Asylpolitik «als wir Grünen», so Palmer. Eine Umfrage aus dem ZDF-Politbarometer vom 17. November 2017 strafte allerdings diese Aussage Lügen. Eine Mehrheit der Bundesbürger – 67 Prozent – befürwortete das Recht auf Familiennachzug für anerkannte Asylbewerber und Flüchtlinge, nur 28 Prozent lehnten es ab. Selbst bei CDU/CSU-Wählern betrug die Zustimmung 67 Prozent, bei der SPD und der FDP 69, bei der Linken 80 und bei den Grünen sogar 88 Prozent. Es verwundert nicht, dass der Wert bei der AfD nur bei 19 Prozent lag.

In der «Frankfurter Allgemeinen Sonntagszeitung» schrieb Norbert Blüm, der frühere CDU-Bundesarbeitsminister, am 19. November einen Gastkommentar, wies auf die geringe Zahl der Familiennachzügler hin und ermahnte seine Partei mit deutlichen Worten: «Ist die CDU von allen guten Geistern verlassen? Zieht die Notbremse, liebe Verhandlungsführer, und verhindert den Verrat an unseren besten Ideen. Soll jetzt die christliche Soziallehre ausverkauft und auch noch die letzte Erinnerung an sie umgekehrt werden? Das wäre meiner Christlich Demokratischen Union unwürdig. Wenn der Familiennachzug ausgerechnet an der CDU scheitert, wünsche ich jedem Redner der Partei, dass ihm fortan das Wort im Hals steckenbleibt, wenn er die hehren Werte der Familie beschwört.»

In der folgenden Nacht scheiterten die Sondierungsgespräche an der FDP. Wie Bundeskanzlerin Merkel und der grüne Ministerpräsident von Baden-Württemberg, Winfried Kretschmann, übereinstimmend sagten, habe man sich in der Flüchtlingspolitik auf einen gemeinsamen Nenner geeinigt. Deswegen ist eine sogenannte Jamaika-Koalition offensichtlich nicht verhindert worden, zumal die Grünen allem Anschein nach auf die Linie der Union eingeschwenkt waren, was das Reizthema Obergrenze angeht. Cem Özdemir sagte, die Grünen seien bis an die Schmerzgrenze und darüber hinaus gegangen. Seine Partei hatte sogar einen «atmenden Rahmen» – doch so etwas wie eine Obergrenze – ins Gespräch gebracht, um die Zahl der Zuwanderer um die 200 000 pro Jahr zu halten. Die Grünen akzeptierten, dass Algerien, Marokko und Tunesien als sichere Herkunftsländer eingestuft wurden. Wenn bei einem Land die Anerkennungsquote für Flüchtlinge unter fünf Prozent lag, dann sollte es darüber hinaus ebenfalls wie ein sicheres Herkunftsland behandelt werden. So gaben die Grünen in den Sondierungsgesprächen allem Anschein nach eigene Positionen auf und schwenkten auf die der Union ein.

Meinungsumfragen haben immer wieder gezeigt, dass das Stimmungsbild stark schwankt, wenn es um Asyl und Zuwanderung geht. Vielleicht kann man den Bürgerinnen und Bürgern in der Flüchtlingspolitik also viel mehr zutrauen, als manche Politiker meinen. Vielleicht hätte es die vielen Verschärfungen, die in der Praxis nicht verhindern konnten, dass im Monatsdurchschnitt des Jahres 2017 immer noch rund 15 000 Flüchtlinge nach Deutschland kamen, daher gar nicht gebraucht. Vielleicht hätte es gereicht, mutig für eine humane Flüchtlingspolitik zu werben und der Bevölkerung reinen Wein einzuschenken – auch, was die Belastungen angeht, die mit der Aufnahme so vieler schutzsuchender Menschen verbunden sind. Doch eine «Blut-und-Tränen-Rede» der Kanzlerin unterblieb. Die Bevölkerung wurde nicht um Opfer gebeten. Stattdessen wurde so getan, als nütze die Aufnahme der Flüchtlinge dem Land – ein gefährliches Argument, denn was folgt daraus, wenn sich herausstellen sollte, dass das nicht stimmt? Und wie will man so diejenigen erreichen, die Flüchtlinge nicht als Bereicherung empfinden? Wir haben eine moralische und eine rechtliche Verpflichtung zu helfen. Ob es uns nützt oder nicht, ändert nichts daran. Wer das nicht klar und mutig benennt, der drückt sich kleinmütig vor der großen politischen Aufgabe, vor die wir gestellt sind. Leider fehlte ein solcher Mut den meisten Politikern. Anstatt offensiv für das moralisch Gebotene zu werben, verfiel die Bundesregierung in hektischen Aktionismus und ließ es zu, dass die Rechtspopulisten sie vor sich her trieben.

Die in rascher Folge verabschiedeten «Asylpakete» sollten die sogenannte Flüchtlingskrise bewältigen und einer beunruhigten Wählerschaft zeigen, dass die Politik handlungsfähig sei. Zu ihnen gehört auch der Beschluss aus dem Asylpaket I vom Oktober 2015, die Unterstützung der Asylsuchenden in den Erstaufnahmeeinrichtungen eher in Form von Sachleistungen und weniger in bar zu erbringen. So wollte man Flüchtlinge abschrecken, denen man unterstellte, es nur auf das Geld abgesehen zu haben. Und das, obwohl das Bundesverfassungsgericht (BVG) bereits mit seinem Urteil vom 18. Juli 2012 der Politik eine Ohrfeige erteilt und die Regelungen zu den Grundleistungen nach dem Asylbewerberleistungsgesetz für verfassungswidrig erklärt hatte. Der erste Senat hatte entschieden, dass sie mit dem Grundrecht auf Gewährleistung eines menschenwürdigen Existenzminimums unvereinbar seien. Die Höhe der Geldleistung ist nach Auffassung des Gerichts klar unzureichend, weil sie seit 1993 trotz der erheblichen Preissteigerung in Deutschland nicht verändert worden ist. Außerdem sei sie weder nachvollziehbar noch bedarfsgerecht berechnet worden. Das BVG beruft sich in seiner Entscheidung ausdrücklich auf Art. 1 GG, wonach die Würde des Menschen unantastbar ist: «Dieses Grundrecht steht deutschen und ausländischen Staatsgehörigen, die sich in der Bundesrepublik Deutschland aufhalten, gleichermaßen zu.» Migrationspolitische Erwägungen, die Leistungen an Asylbewerber und Flüchtlinge niedrig zu halten, um «Wanderungsbewegungen» zu vermeiden, seien nicht zu rechtfertigen. «Menschenwürde ist migrationspolitisch nicht zu relativieren», erklärte der Vizepräsident des Gerichts, Ferdinand Kirchhof.

Auch gegen eine längere Unterbringung in Aufnahmeeinrichtungen von bis zu sechs Monaten anstatt wie früher drei Monate, wie sie im Asylpaket I 2015 beschlossen wurde, sprechen viele Gründe: Widerstände einzelner Kommunen sowie der Wohnbevölkerung führen zu großen Schwierigkeiten bei der Standortbestimmung. «Ausländer unterschiedlicher Nationalität, Kultur und Religion werden zwangsläufig auf engem Raum untergebracht. Dies kann sowohl zu erheblichen Schwierigkeiten innerhalb des Wohnheims als auch zu Störungen im Zusammenleben mit der deutschen Bevölkerung führen.» Diese kritischen Anmerkungen stammen nicht etwa von Flüchtlingsvertretungen dieser Tage, sondern von der baden-württembergischen CDU-Landesregierung aus dem Jahre 1978! An Gültigkeit haben sie nicht verloren. Die letzten Jahre haben gezeigt, dass sich Flüchtlinge durch alle nur erdenklichen verwaltungstechnischen Abschreckungssignale nicht aufhalten lassen. Die Hektik der «Flüchtlingskrise» führte im Übrigen dazu, dass die Bestimmungen oft fast im Wochenrhythmus geändert wurden. Einmal wurde der Familiennachzug aus Syrien erlaubt, dann wieder eingeschränkt, so dass man an manchen Tagen sogar im Bundesamt für Migration und Flüchtlinge (BAMF) in Nürnberg nicht mehr genau Bescheid wusste, was nun gerade galt.

Das überforderte Bundesamt

Der Wunsch, die «Flüchtlingskrise» möglichst schnell vom Tisch zu bekommen und mit Blick auf die Bundestagswahlen zur «Normalität» zurückzukehren, sollte sich allerdings nicht nur wegen der unsicheren Rechtslage auf die Arbeit des BAMF fatal auswirken. Hier ging es nicht um eine langfristig tragfähige Lösung für den Umgang mit Flüchtlingen, sondern um eine kurzfristige «Entsorgung» des Problems.

Sogenannte Entscheider in den Außenstellen des BAMF prüfen die Asylanträge und befinden darüber, ob Flüchtlinge anerkannt werden. Allein was die finanzielle und personelle Ausstattung angeht, kommt dem Amt in der Migrationspolitik eine zentrale Rolle zu. In der «Flüchtlingskrise» wurde das Personal innerhalb von zwei Jahren vervierfacht. Im Dezember 2016 erreichte der Personalbestand einen Spitzenwert von über 11 000. Nach eigenen Angaben der Behörde waren davon 7650 eigene Mitarbeiter, darunter aber nur 1959 Entscheiderinnen und Entscheider, die unmittelbar mit den Asylanträgen befasst waren. Außerdem waren dort 3566 unterstützende sowie abgeordnete Kräfte aus der Bundesagentur für Arbeit, der Bundeswehr oder dem Zoll tätig. Schon immer bestand in der Migrationspolitik ein Kompetenzgerangel, weil alle möglichen Ministerien hier ihre Politik betreiben. Neben dem Bundesamt waren beispielsweise in den «Krisenjahren» 2015/16 neben dem Bundesinnenministerium unter anderem das Bundesarbeitsministerium und der Flüchtlingskoordinator der Bundesregierung, Peter Altmaier (CDU) als Chef des Bundeskanzleramtes, zuständig. Im Kanzleramt saß aber auch die Beauftragte der Bundesregierung für Migration, Flüchtlinge und Integration.

Der Präsident des Bundesamtes, Manfred Schmidt, trat im September 2015 von seinem Amt zurück. Eine Art «Bauernopfer» in einer allein durch personelle Engpässe zu Beginn der «Flüchtlingskrise» überforderten Behörde, deren Hilferufe nach mehr Personal seit 2012 ungehört verhallt waren. Zu kritisieren ist hier weniger das Bundesamt als vielmehr das Bundesinnenministerium, das die Stellen drastisch gekürzt hatte, als die Asylbewerberzahlen zurückgingen – in der irrigen Annahme, diese würden nicht wieder steigen. Dann wurde die Personalaufstockung verweigert und sogar untersagt, die steigenden Zahlen zu veröffentlichen. Aus diesem

Fehler wurde allerdings nichts gelernt, denn nach der rasanten Aufstockung der Jahre 2015/16 lief der Personalabbau beim BAMF im Dezember 2017 mit 1 500 Stellen schon wieder auf Hochtouren.

Hans-Jürgen Weise, Chef der Bundesagentur für Arbeit, übernahm zusätzlich die Leitung des BAMF, gefolgt 2017 von Jutta Cordt, die ebenfalls aus der Bundesagentur für Arbeit kommt. In den letzten Jahren lief die Asylmaschinerie in Nürnberg und den Außenstellen auf noch nie dagewesenen Hochtouren: Auf fast 700 000 stieg die Zahl der Asylentscheidungen allein im Jahr 2016, die höchste Zahl in der Geschichte des Amtes. Unter der Vorgabe, den Berg von Anträgen bis zur Bundestagswahl im September 2017 abzubauen, entschied das Bundesamt in den Monaten Januar bis Juli 2017 über die Anträge von rund 444 000 Personen. Bis zum Jahresende stieg diese Zahl auf 603 428, eine Leistungsbilanz, die sich sehen lassen konnte – zumindest auf dem Papier.

Denn das Bundesamt geriet immer wieder in die Kritik, obgleich es unter der Leitung von Weise in einem Kraftakt gelungen war, die Organisation zu straffen, die interne und externe Kommunikation zu modernisieren, die Entscheidungsprozesse transparenter zu gestalten und die Anträge schneller zu bearbeiten. Denn gerade was diese Beschleunigung und die Einstellung und Schulung von so vielen neuen Mitarbeiterinnen und Mitarbeitern angeht, erntete die Nürnberger Behörde Tadel, insbesondere auch von ihrem Personalrat. Ein umfangreiches Memorandum von zwölf Wohlfahrtsverbänden sowie Anwalts- und Richtervereinigungen, darunter der Deutsche Caritasverband, Amnesty International und PRO ASYL, bemängelte im Dezember 2016 die massenhaften Neueinstellungen ohne ausreichende Qualifikation. Statt der früher üblichen sechsmonatigen Ausbildung erhielten Anhörer jetzt eine dreiwöchige Schulung, Entscheider vier Wochen, Vollentscheider fünf Wochen. Dolmetscher seien häufig nicht in der Lage, die schwierigen Anhörungen beim Bundesamt zu übersetzen. Dementsprechend lasse die Qualität der Asylentscheidungen zu wünschen übrig, die kaum noch auf einer gründlichen individuellen Einzelfallprüfung basierten, was die Studie mit einer Reihe von Beispielfällen zu belegen suchte.

Dass die Arbeit des BAMF Qualitätsmängel aufwies, zeigte insbesondere der krasse Fall des Bundeswehroffiziers Franco A., dem es im Dezember 2015 gelungen war, sich unter dem fiktiven Namen David Benjamin als angeblicher christlicher Gemüsehändler aus Damaskus als Flüchtling registrieren zu lassen. Als Asylbewerber anerkannt, bezog er Sozialleistungen, neben seiner Besoldung als Oberleutnant der Bundeswehr. Aufgeflogen ist er erst, weil er in einer Toilette auf dem Wiener Flughafen eine geladene Schusswaffe deponiert hatte. Schließlich wurde Franco A. unter dem Verdacht festgenommen, einen Terroranschlag geplant zu haben. Die Staatsanwaltschaft vermutete ausländerfeindliche Motive. Ein geplanter Anschlag auf Politiker sollte offensichtlich so aussehen, als sei er von Flüchtlingen begangen worden. Ein Komplize, bei dem die Polizei Munition fand, wurde ebenfalls verhaftet. Die Öffentlichkeit rätselte, wie ein deutscher Offizier, der kein Arabisch, aber Französisch spricht, als syrischer Asylbewerber anerkannt werden konnte. Hinzu kam die Frage nach dem rechtsradikalen Hintergrund: Der Oberleutnant hatte in seiner Magisterarbeit an der Militärakademie geschrieben, dass die zurzeit stattfindende «massive Einwanderung» zum Untergang der betroffenen Völker führe. Obwohl von einem Gutachter scharf kritisiert, durfte der Kandidat eine neue Arbeit verfassen.

Der fast unglaubliche Fall belastete in der öffentlichen Diskussion die Arbeit der Nürnberger Behörde, wo zur Beschleunigung der Verfahren unter anderem nicht mehr derselbe Sachbearbeiter, der die Anhörung durchführte, auch über den Antrag entschied. Diese Trennung hatte im Fall Franco A. zur Folge, dass sein Anhörer im Bundesamt von der Bundeswehr ausgeliehen worden war, während der Entscheider – ein ehemaliger Künstlervermittler – in Berlin saß und von der Bundesagentur für Arbeit (BA) zur Verfügung gestellt worden war. Verglichen wurde das damit, dass ein Arzt sich die Krankheitsbeschreibung eines Patienten anhört, ein anderer dann aber aufgrund des Berichts seines Kollegen über Therapie und die Medikamente entscheidet.

Der Bundesinnenminister setzte eine Untersuchungsgruppe mit 50 internen Ermittlern ein, die stichprobenartig 2000 Asylentscheidungen zu syrischen und afghanischen Flüchtlingen überprüfen sollten. Die Chefin der Behörde musste «gravierende Fehler» einräumen. Was bisher nur Menschenrechtsorganisationen wie PRO ASYL und Rechtsanwälte kritisiert hatten, bestätigte jetzt sogar der CDU-Innenexperte und Bundestagsabgeordnete Armin Schuster: Unter dem enormen Druck «ging Schnelligkeit leider vor Gründlichkeit und Qualität», wie er feststellte. Das Klima im Bundesamt, das früher durch seine solide Arbeit und engagierte Mitarbeiterinnen und Mitarbeiter bekannt war, wurde durch die Vorgaben, den Antragsberg bis zu den Bundestagswahlen abzubauen, und durch die Einstellungspolitik vergiftet. In einem Interview mit dem «SPIEGEL» schilderte im Oktober 2017 ein ehemaliger Mitarbeiter, welches Drunter und Drüber in der Behörde herrschte. Seine Erfahrungen fasste er als «Management by Chaos» und als «ein Stück Absurdistan» zusammen. Da kursierten anonyme Schreiben, in denen Kollegen einander anschwärzten, da herrschte ein starker Konkurrenzdruck, vor allem unter den Mitarbeitern, die nur mit befristeten Verträgen eingestellt wurden und von denen nur rund die Hälfte auf Dauer bleiben durfte. So hatte sich der dunkle Schatten der Migrationspolitik auf die Nürnberger Behörde gelegt.

Die internen Untersuchungen ergaben, dass in einer Vielzahl von Fällen überhaupt nicht mehr nachvollzogen werden konnte, wie die Entscheidungen zustande gekommen waren, weil man diese nicht dokumentiert hatte. Bei bis zu 26 Prozent der syrischen Antragsteller sei eine vollständige Aufklärung des Sachverhalts aufgrund der Dokumentation der Akte nicht mehr möglich gewesen. Bei Asylbewerbern aus Afghanistan waren es sogar bis zu 46 Prozent. All diese Entscheidungen gelten demnach als «nicht plausibel». Sowohl bei Afghanen als auch bei Syrern ist in fast 30 Prozent der überprüften Verfahren nicht aus den Verfahrensakten zu entnehmen, dass die «Volkszugehörigkeit hinreichend aufgeklärt» wurde. Sicherheitsexperten aus den Bundestagsfraktionen von CDU und SPD kritisierten in diesem Zusammenhang, dass im Sommer 2017 immer noch bei 5000 anerkannten Asylbewerbern keine eindeutige Feststellung der Identität durch Fingerabdrücke und Fotos erfolgt sei. In mindestens 77 Prozent der Fälle aus Syrien hat es nach dem internen Bericht, der später veröffentlicht wurde, keine Qualitätssicherung gegeben. Die Entscheidung wurde nicht noch einmal überprüft. Bei jedem dritten Fall von afghanischen Flüchtlingen seien die internen Leitsätze und Entscheidungshilfen missachtet worden. Was die Qualifizierung der Mitarbeiter angeht, kommt der Bericht ebenfalls zu erschreckenden Ergebnissen: Eigentlich hätten alle seit August 2015 beim Bundesamt beschäftigten Entscheider mehrere Schulungsphasen absolvieren müssen, um auf einen Ausbildungsstand von 100 Prozent zu gelangen. Ihr durchschnittlicher Ausbildungsstand liege aber bei nur 21,6 Prozent.

Sicherheitsmängel kamen durch die Untersuchungen ebenfalls ans Tageslicht. So habe es das Bundesamt jahrelang unterlassen, Asylanträge mit Verdacht auf Passfälschungen den Behörden weiterzumelden. Doch angesichts der Vielzahl an Problemen fielen die Lösungsvorschläge eher bescheiden aus. So wurde angeregt, die entschiedenen Fälle nicht erst nach spätestens drei Jahren wie gesetzlich vorgeschrieben zu überprüfen. Man werde schon 2017 mit der ersten Gruppe von 80 000 bis 100 000 Fällen beginnen. Dies könne zu Verzögerungen in anderen Bereichen und auch bei der Bearbeitungsdauer der Asylverfahren führen, so das BAMF. Die Mitarbeiter werden verpflichtet, Dolmetscher gezielt nach Unstimmigkeiten zu befragen. Unter anderem sollen die Qualitätskontrollen verschärft werden. Die Amtschefin teilte in diesem Zusammenhang mit, dass wieder in 70 Prozent der Fälle Anhörung und Entscheidung bei einer Person liegen würden.

Der Fall des Offiziers Franco A. ist nicht unbedingt die Spitze des Eisbergs von ähnlichen Fällen, aber ein Beweis dafür, dass die Krise der Migrationspolitik auch zu einer Krise des Bundesamtes für Migration und Flüchtlinge führte. Lange Zeit von der Politik alleingelassen, dann aber unter massiven Druck gesetzt, ging seit 2015 «Tempo vor Gründlichkeit». Hinzu kam die behördeninterne Vorgabe, dass die Mitarbeiter drei Anhörungen und dreieinhalb Entscheidungen pro Tag bewerkstelligen müssten – eine moderne Form der Akkordarbeit, bei der es nur noch um die Erfüllung der Norm, nicht mehr um die Qualität der Arbeit geht.

Nicht nur das Bundesamt, sondern auch die Gerichte kamen durch die Asylpolitik an ihre «Belastungsgrenze». Der Bund Deutscher Verwaltungsrichter schlug deshalb 2017 Alarm. Innerhalb eines Jahres hatte sich die Zahl der unerledigten Verfahren im Asylbereich fast verfünffacht. Rund 365 000 Verfahren waren Ende 2017 bei den Verwaltungs- und Oberverwaltungsgerichten im Bereich Asyl anhängig. Dies lag vor allem daran, dass abgelehnte Asylbewerber gegen die teilweise schlampigen Entscheidungen des BAMF klagten. Zwei Drittel aller Verfahren machen diese Fälle aus. Syrische und irakische Flüchtlinge klagten in letzter Zeit verstärkt dagegen, dass ihnen nur subsidiärer, vorübergehender Schutz gewährt wurde. Fast die Hälfte aller Flüchtlinge (über 44 Prozent), die gegen die Ablehnung ihres Antrags klagen, haben Erfolg vor Gericht.

Der Berliner Senat kritisierte in diesem Zusammenhang eine mangelnde Mitarbeit des BAMF bei der gerichtlichen Überprüfung der Asylverfahren. In der Regel würden keine Vertreter des Bundesamtes vor Gericht erscheinen. Die Prozessreferate des BAMF seien massiv unterbesetzt, so das Verwaltungsgericht Köln in seiner Kritik. Noch deutlicher wurde die Neue Richtervereinigung: Der von Unternehmensberatern begleitete Umbau des BAMF führe zu Strukturen und Ergebnissen, die rechtsstaatlich zweifelhaft seien und letztendlich von den Verwaltungsgerichten der Länder aufgefangen werden müssten. Der politische Druck, unter dem das Bundesamt im Wahljahr 2017 stand, führte zu Fehlern bei den Bescheiden, die einen «Klagestau» bei den Gerichten bewirkten. Die Innenexpertin der Linksfraktion in Bundestag kritisierte im November 2017, die Gerichte müssten die zweifelhafte Asylpolitik der Bundesregierung «ausbaden». Stephan Harbarth, stellvertretender Unions-Fraktionsvorsitzender, forderte die zuständigen Bundesländer auf, das Personal bei den Verwaltungsgerichten aufzustocken, sonst drohe «der Kollaps unseres Rechtsschutzsystems». Im Dezember 2017 wurde bekannt, dass die mangelnde Sorgfalt bei Asylentscheidungen das BAMF, sprich uns Steuerzahler, rund 20 Millionen Euro pro Jahr kostet. Jeder zweite Asylbewerber klagt inzwischen gegen die Entscheidungen. Verliert das BAMF, muss es die Gerichtskosten tragen.

So griff die Krise der Migrationspolitik nicht nur auf das BAMF, sondern auch auf die ebenfalls hoffnungslos unterbesetzten Gerichte über. Das Bundesinnenministerium ließ das BAMF und seine Mitarbeiter lange Zeit im Stich, um sie dann mit Blick auf die Bundestagswahlen so unter Druck zu setzen, dass fast zwangsläufig Fehler passieren mussten und die Nürnberger Behörde einer ätzenden Kritik der Medien ausgesetzt wurde. Hohn und Spott, vor allem ausgelöst durch den Fall des Franco A., ergossen sich über das Amt, das in einer bisher einmaligen Kraftanstrengung in kürzester Zeit fast eine Dreiviertelmillion Anträge weisungsgemäß abbaute. Und alles nur, weil die Bundesregierung das Flüchtlingsthema unbedingt aus dem Bundestagswahlkampf heraushalten wollte. Um jeden Preis sollte der Eindruck entstehen, dass die «Flüchtlingskrise» überwunden sei. Der schöne Schein war dabei wichtiger als das Ergebnis. Hauptsache, die Oberfläche glänzte in unberührtem Weiß. Doch sollte dieses Kalkül nicht aufgehen. Und zwar nicht nur, weil es bei dem Thema mehr um Ängste als um Fakten geht. Denn auch die Wirklichkeit erwies sich als unbotmäßig. Im Mittelmeer ging das Drama unverändert weiter und hinter der gereinigten Fassade wurde die unschöne Fratze der europäischen Abschottungspolitik sichtbar.

Drama auf dem Mittelmeer

FRONTEX ist eine europäische Agentur für die operative Zusammenarbeit an den Außengrenzen der Europäischen Union. Von den EU-Mitgliedstaaten mit Personal und Finanzen versorgt, bildet sie unter anderem Grenzschutzbeamte aus, unterstützt bei Abschiebungen oder koordiniert Soforteinsatz-Teams, um beispielsweise Einsatzkräfte an der griechisch-türkischen Grenze zu unterstützen. Vor allem hilft sie lokalen Grenzbehörden beim Aufspüren von Flüchtlingen im Mittelmeer, an den Ostgrenzen der EU oder an der Atlantikküste. Durch den Einsatz von FRONTEX wählen Flüchtlinge immer gefährlichere Ausweichrouten, um nach Europa zu gelangen. Außerdem werden so unschöne Maßnahmen wie die «Abschottung der Grenzen» an eine anonyme EU-Institution ausgelagert. Die EU-Staaten entziehen sich ihrer Verantwortung und machen sich bei der Abwehr von Flüchtlingen nicht direkt «die Hände schmutzig». Außerdem wird die Organisation unzureichend kontrolliert und dient «vornehmlich der Abwehr von Flüchtlingen und nicht der Seenotrettung», wie der Chef der Behörde 2015 bestätigte. Seit Oktober 2016 läuft FRONTEX als «Europäischer Grenz- und Küstenschutz», besitzt mehr Kompetenzen und Personal: 1800 Beamte sind jetzt im Einsatz. 2015 waren es gerade einmal 350. Der neue europäische Grenz- und Küstenschutz soll sich stärker an Abschiebungen beteiligen und außerdem in Drittstaaten, beispielsweise in Nordafrika, Grenzen mit kontrollieren. Der Etat von FRONTEX wurde in den letzten Jahren aufgestockt, von rund 100 Millionen Euro im Jahr 2014 auf über 254 Millionen Euro für das Jahr 2016.

Der zentralen Mittelmeerroute über Libyen kommt vor allem deshalb eine so große Bedeutung zu, weil das Land nach dem militärischen Eingreifen des Westens und dem darauffolgenden Sturz des einstigen Machthabers, Muammar al-Ghaddafi, praktisch zerfallen und die Küste offen ist. Das Mittelmeer und die Sahara, über die Flüchtlinge mithilfe von skrupellosen Schleusern Europa ansteuern, sind zu den tödlichsten Fluchtrouten der Welt geworden. So verdursteten beispielsweise im Juni 2017 an einem einzigen Tag 40 Flüchtlinge – darunter Frauen mit ihren Babys – in der Wüste, als ihr Fahrzeug zusammenbrach. Aus dieser unzugänglichen Region gelangen allerdings nur wenige Meldungen an die Weltöffentlichkeit. IOM beobachtet als eine der wenigen Hilfsorganisationen das Drama, das sich in der Wüste abspielt. Von den Menschenschmugglern missbraucht, finden sich die Migranten oft in der Mitte von nirgendwo wieder, in einem Land, das sie nicht kennen. Und nicht selten werden sie von den Fahrern verlassen, so dass sie tagelang ohne Nahrung, Wasser oder Schatten der Wüstensonne ausgesetzt sind. Tausende von Migranten machen sich auf der Route von Niger nach Libyen auf, in der Hoffnung auf ein besseres Leben auf der Wohlstandsinsel Europa, zusammengepfercht auf Lastwagen, oft mit nur wenig Platz für ein paar Liter Wasser, in einer der tödlichsten Gegenden der Welt. IOM schätzt, dass dreimal so viele Menschen in der Wüste ums Leben kommen wie auf dem Mittelmeer, wo 2016 über 5000 den Tod fanden. Davon will man in Europa, das seine Grenzen immer weiter nach Afrika vorverlagert und die Herkunfts- und Transitländer der Migranten bei der Grenzkontrolle aufrüstet, offensichtlich nichts wissen. Hauptsache die Zahlen gehen zurück und wir bleiben von Flüchtlingen «verschont».

Seit vielen Jahren lässt die EU die Mittelmeeranrainer im Stich, verlässt sich darauf, dass sie die Hauptlast des Flüchtlingsdramas tragen. Spanien beispielsweise hat schon vor über zehn Jahren seine «Flüchtlingskrise» erlebt. Damals kamen täglich 50 Flüchtlingsboote auf den Kanarischen Inseln an. Über 30000 Afrikaner waren es allein 2006, tausende sind schon damals dabei ertrunken. Unter dem gegenwärtigen Abschottungsdruck werden solche alten und zugleich neue Fluchtrouten von den Schleppern entdeckt und professionell «bespielt», im Sommer 2017 beispielsweise auch eine über das Schwarze Meer, wo plötzlich Boote mit Flüchtlingen aus dem Irak und Syrien entdeckt wurden. Rumänien, eines der ärmsten Länder der EU, befürchtet, zu einer alternativen Route für die Flüchtlinge zu werden. Die Schwarzmeerroute, die schon früher genutzt wurde, ist aufgrund der Windverhältnisse und kälteren Temperaturen noch gefährlicher als die Mittelmeerüberquerung. Im September 2017 ertranken mindestens 21 Flüchtlinge im Schwarzen Meer. Nachdem die libysche Küste immer mehr versperrt wird, gerät auch Tunesien bei den Schleppern wieder auf die Agenda. Am 8. Oktober 2017 kollidierte ein tunesisches Marineschiff mit einem Flüchtlingsboot, auf dem sich über 70 Menschen befanden. Das Boot sank. Bei der Rettungsaktion der italienischen Küstenwache und Marine konnten 46 Flüchtlinge lebendig und acht tot geborgen werden, 20 gelten als vermisst.

Das Instrument, mit dem die Last des Flüchtlingsdramas auf die Mittelmeeranrainer abgewälzt wird, trägt einen harmlosen Namen: das Dublin-System. Es besagt, dass der Staat, in dem Flüchtlinge ankommen, für das Asylverfahren zuständig ist, und war lange Zeit ein Schutzschild insbesondere für Deutschland. Da es, wenn sie sich kein Flugticket leisten können, für Flüchtlinge ausgesprochen schwer ist, ihren Fuß zuerst in Deutschland auf europäischen Boden zu setzen, hielt das Dublin-System sie wirksam von der Bundesrepublik fern. Als es 2015 endgültig zusammenbrach, stiegen dementsprechend die Flüchtlingszahlen im Lande. Für die europäischen Partner Deutschlands muss es befremdlich gewirkt haben, dass nun sofort eine gemeinsame europäische Flüchtlingspolitik und eine gerechte Aufteilung der Asylbewerber auf alle EU-Länder gefordert wurde. Als nur Staaten wie Spanien, Italien und Griechenland die Last zu tragen hatten und nur wenige Asylbewerber in Deutschland ankamen, scheint deutschen Politikern diese Idee weniger eingeleuchtet zu haben. Auch Angela Merkel fiel diese Doppelmoral auf. Denn die Bundeskanzlerin sagte im September 2016 selbstkritisch, sie habe sich «lange Zeit gerne auf das Dublin-Verfahren verlassen, das uns Deutschen das Problem abgenommen hat». Die Kanzlerin wörtlich: «Wenn ich könnte, würde ich die Zeit um viele, viele Jahre zurückspulen.» Eine späte Selbstkritik an der bequemen Haltung, das «Flüchtlingsproblem» auf Südeuropa abzuwälzen.

Europa, allen voran Deutschland, schottet sich seit Jahrzehnten ab, der Herbst 2015 war eine absolute Ausnahmesituation, in der einige hunderttausend Flüchtlinge ins Land durften. Was hätte man auch anderes tun sollen? Die Flüchtlinge waren unterwegs und drängten nach Deutschland. Sollte man eine humanitäre Katastrophe auf dem Balkan oder in Ungarn in Kauf nehmen? Und selbst wem dies keine moralischen Bedenken bereitet, der muss immer noch die Frage beantworten, wie man denn die Flüchtlinge davon hätte abhalten können, nach Deutschland zu gelangen. Sollte man gegen sie auf deutschem Boden Gewalt anwenden oder gar auf sie schießen? Wobei es bereits einen Einsatzbefehl für die Bundespolizei gegeben hatte, einige Hundertschaften waren schon unterwegs zur österreichischen Grenze. Weil keiner im Bundeskabinett bereit war, die Verantwortung für den Einsatz zu übernehmen, und man unschöne Bilder vermeiden wollte, wurde die Anweisung gestoppt, wie es Robin Alexander in seinem Buch «Die Getriebenen» darstellt. Bundesinnenminister Thomas de Maizière bestätigte in einem Fernsehinterview diese Sicht auf den 4. September 2015: «Ich habe uns und der deutschen Öffentlichkeit nicht zugetraut, gegebenenfalls sehr hässliche Bilder von Zurückweisungen von Zehntausenden durchzuhalten und auszuhalten.» Solche Szenen wären um die Welt gegangen und hätten das Ansehen Deutschlands nachhaltig beschädigt.

Die Entscheidung vom Herbst 2015, die Geflüchteten ins Land zu lassen, wenn auch aus der Not geboren, war ein wichtiges Signal für eine humane Flüchtlingspolitik, auch wenn sie bald wieder von der Abschottung abgelöst wurde. Schon nach wenigen Wochen führte das Bundesinnenministerium mit Wirkung zum 21. Oktober 2015 das Dublin-Verfahren wieder ein, das für syrische Flüchtlinge ausgesetzt worden war. Von dieser Entscheidung wurden selbst die Koalitionspartner von der SPD überrascht. Sehr zügig wurden 2015 in Deutschland Grenzkontrollen zu Österreich eingeführt, aufgrund einer Sondergenehmigung aus Brüssel, weil solche Kontrollen im Schengen-Raum verboten sind. Die Genehmigung wurde zunächst bis zum 11. November 2017 erteilt. Am 12. Oktober 2017 verlängerte die Bundesregierung die Grenzkontrollen zwischen Deutschland und Österreich sowie auf Flugverbindungen aus Griechenland nach Deutschland für weitere sechs Monate. Bundesinnenminister Thomas de Maizière begründete diese Entscheidung mit der Sicherheitslage: «Deutschland und andere EU-Mitgliedstaaten haben dramatische terroristische Anschläge erlebt. Die Sicherheitslage im gemeinsamen europäischen Gefahrenraum ist nach wie vor angespannt. Es bestehen auch weiterhin Defizite beim Schutz der EU-Außengrenzen sowie ein erhebliches Maß illegaler Migration innerhalb des Schengenraums.» Die Abwehr des Terrorismus ist eine wichtige staatliche Aufgabe, aber gilt das nicht auch für den humanitären Schutz der geflüchteten Menschen? Ließe sich beides nicht besser vereinen? In der Folge wurde jedenfalls der Schutz vor einigen wenigen Terroristen auf dem Rücken der vielen friedlichen und unschuldigen Flüchtlinge ausgetragen.

Die humanitäre Seite der EU-Migrationspolitik rückte nach der Ausnahmesituation von 2015 immer mehr in den Hintergrund, die andere, die dunkle Seite der Flüchtlingsabwehr in den Vordergrund. Weil bei terroristischen Anschlägen in Europa auch als Flüchtlinge getarnte Attentäter beteiligt waren und die Regierungen unter den Druck ihrer

Wählerschaft gerieten, hat sich das Sicherheitsdenken in Politik und Öffentlichkeit noch weiter verstärkt. Gerade in der aktuellen Phase der Flüchtlingspolitik muss man Deutschland eine Doppelmoral bescheinigen. Man fühlt sich anderen Staaten mit seiner «Willkommenskultur» und einer vermeintlichen «Politik der offenen Grenzen» überlegen, wälzt die Lösung des «Flüchtlingsproblems» aber gerne auf Länder wie Italien oder gar Libyen ab. Scheinheilig ist es auch, wenn man in Deutschland oder anderen Ländern Europas auf die Pläne des amerikanischen Präsidenten Trump zum Bau einer Mauer an der mexikanischen Grenze mit Empörung reagiert, gleichzeitig aber seit Jahren Europa zur Festung gegen Flüchtlinge und Migranten ausbaut.

Zwar ist die Zahl der Flüchtlinge und Migranten, die im Laufe des Jahres 2017 über das Mittelmeer Europa erreicht haben, gegenüber 2016 um ungefähr die Hälfte auf rund 172 000 gesunken. Allerdings sind dabei nach den offiziellen Zahlen immer noch 3 116 Menschen ums Leben gekommen. Wieder kamen die meisten (rund 70 Prozent) nach Italien, die restlichen nach Griechenland, Spanien und Zypern. Die absoluten Zahlen der Todesopfer im Mittelmeer sind zwar gesunken, aber prozentual gesehen sind sie dennoch angestiegen. Die europäische Grenze im Mittelmeer bleibt bei weitem die tödlichste der Welt. Zu diesem Ergebnis kam ein Bericht von IOM am 24. November 2017. Im Zeitraum zwischen 2000 und 2017 ertranken mindestens 33 761 Migranten und Flüchtlinge oder gelten als vermisst. Das entspricht in etwa der Einwohnerzahl einer deutschen Kreisstadt wie Saarlouis oder Hoyerswerda. Die höchste Zahl von Toten, 5096, war 2016 zu beklagen, nachdem die kurze und relativ weniger gefährliche Route von der Türkei nach Griechenland als Folge des Abkommens zwischen der EU und der Türkei geschlossen worden war. Die IOM weist auch auf die unsichere Datenlage bei der irregulären Migration hin. Das gilt insbesondere für die Zahl der Toten und Vermissten, die anhand der toten Flüchtlinge, die gefunden werden und aufgrund von Augenzeugenberichten geschätzt wird. Von einer hohen Dunkelziffer ist daher auszugehen.

Italien ist überfordert und wird (wieder einmal) von der EU im Stich gelassen. Die Forderung, andere Häfen in Spanien oder Frankreich für Flüchtlinge zu öffnen, wird abgelehnt. Italien und Griechenland verzweifeln, während in den anderen EU-Ländern die Zahl der Flüchtlinge zurückgeht und die Abschottungsstrategie Wirkung zeigt. Man gibt sogar den heroischen privaten Seenotrettungs-NGOs wie zum Beispiel der deutsch-französisch-italienischen Organisation «SOS Méditerranée» (Europäische Gesellschaft zur Rettung Schiffbrüchiger im Mittelmeer) mit der «Aquarius», dem größten privaten Rettungsschiff im Mittelmeer, die Schuld für die vielen Bootsflüchtlinge und unterstellt ihnen infamerweise, mit den Schleppern zusammenzuarbeiten, ohne für solche haltlosen Denunziationen irgendwelche Beweise vorzulegen. Die «Aquarius» mit ihrem Rettungsteam und vier Ärzten hatte zeitweise bis zu 1000 Gerettete an Bord, bei einer Rettungskapazität von 400 bis 500 Menschen. Das Rettungsschiff, finanziert durch Spenden, kostet 11 000 Euro pro Tag. Die privaten Seenotrettungsorganisationen werden seit Langem von Rechtsradikalen, dem österreichischen Außenminister, den deutschen und österreichischen Innenministern und dem FRONTEX-Chef kritisiert, offenbar um die privaten Rettungswerke in der Öffentlichkeit zu diskreditieren und vom eigenen politischen Versagen in der Flüchtlingspolitik abzulenken.

Wie hilflos die EU-Außenminister agieren, macht ihr Beschluss vom Juli 2017 deutlich, den Export von Schlauchbooten und Außenbordmotoren zu beschränken, um den

Transport von Flüchtlingen zu erschweren. Die Mafia der Menschenschmuggler, die weltweit mit ihren schmutzigen Geschäften schon seit vielen Jahren, nicht erst seit der sogenannten Flüchtlingskrise, mehr Geld verdient als mit dem Drogenhandel, kann darüber nur lachen. Ihr Material beschaffen sie sich woanders, zum Beispiel in China. Aus Verzweiflung und um mehr europäische Solidarität zu erzwingen, blockierte Italien sogar im Sommer 2017 zunächst die Verlängerung der Operation «Sophia», an der auch die deutsche Marine beteiligt ist. Durch diese sollen seit 2015 Menschenhändler festgenommen und Schmugglerboote zerstört werden. Die Operation hat eher den Charakter einer öffentlichkeitswirksamen Luftnummer, aber immerhin wurden durch die dabei eingesetzten EU-Schiffe zehntausende Flüchtlinge aus Seenot gerettet – und nach Italien gebracht. Seit «Sophia» und nicht seit nichtstaatliche Hilfsschiffe im Mittelmeer Flüchtlinge vor dem Ertrinken retten, benutzen die Schlepper kleine Schlauchboote, weil sie wissen, dass ihre Holzboote und Kutter zerstört werden können, ganz abgesehen davon, dass der Verlust der meist nicht seetüchtigen Schlepperboote von den Gangstern bei ihren «Honoraren» ohnehin schon «eingepreist» ist.

Jeden Dienstag und Freitag verschickt die IOM erschütternde Presseberichte zum weltweiten Flüchtlingsdrama. Am 7. November 2017 berichtete die Organisation von den schwierigsten Wochen, was die Rettungsaktionen auf der zentralen Mittelmeerroute angeht. Das Schiff der spanischen Marine «Cantabria», das im Rahmen der Rettungsaktion «Sophia» operiert, brachte die Leichen von Dutzenden von Frauen mit 402 geretteten Flüchtlingen nach Salerno. Der dortige Präfekt ordnete eine Untersuchung an, um die Todesursache der Frauen zu klären, wobei er nicht ausschloss, dass sie gezielt ermordet wurden. Am 3. November hatte die

«Cantabria» 64 Flüchtlinge, deren Schlauchboot gesunken war, gerettet und die Leichen von 23 Mädchen aus Nigeria geborgen. Schätzungsweise 140 Migranten waren an Bord gewesen, so dass mit etwa 50 Vermissten gerechnet werden muss. Die IOM geht davon aus, dass die nigerianischen Frauen Opfer von Menschenschmuggel und sexueller Ausbeutung waren. Oft sind diese Mädchen jünger als 18 Jahre. Immer mehr von ihnen kommen in den letzten Jahren in Italien an. 2014 waren es noch 1500, 2016 schon über 11 000.

Das Foto eines kleinen ertrunkenen Jungen am Strand in der Türkei hat die Welt zwar erschüttert, genauso wie die 71 erstickten Flüchtlinge in einem Lastwagen auf der österreichischen Autobahn, doch führte dies nicht zu einem Umdenken in der Flüchtlingspolitik. Über 100 000 Kinder sind 2016 nach Europa geflüchtet, 33 800 waren unbegleitet, von ihren Eltern getrennt. Eine Untersuchung des Kinderhilfswerks UNICEF über die Fluchtursachen und Erfahrungen von geflüchteten oder migrierten Jugendlichen in Europa kam im Sommer 2017 zu einem überraschenden Ergebnis: Über die Hälfte der befragten afrikanischen Jugendlichen gab nach Ankunft in Italien an, dass Europa gar nicht ihr Ziel war. Erst die katastrophalen Bedingungen in Libyen hätten sie dazu gebracht, die lebensgefährliche Fahrt über das Mittelmeer auf sich zu nehmen. Außerdem – so die Studie – sind die Jugendlichen oft ohne das Wissen ihrer Familien aufgebrochen.

Das Dublin-Debakel

Nicht nur Italien, sondern auch Griechenland wurde alleingelassen und das trotz der wirtschaftlichen Probleme des Landes, die es sehr schwierig machen Strukturen aufzubauen, mit denen die große Menge an Flüchtlingen bewältigt werden kann. Die «Flüchtlingskrise» im Mittelmeer war in erster Linie eine «griechische Krise». In den drei Jahren zwischen 2014 und 2016 erreichten über eine Million (1 047 939) irreguläre Migranten über das Mittelmeer Griechenland, das waren 66 Prozent aller Bootsflüchtlinge in diesem Zeitraum.

Nicht erst 2015, sondern bereits Anfang 2000 waren die Mittelmeeranrainer durch die hohe Zahl an Menschen, die über die Mittelmeerroute oder über die Türkei kamen, überfordert. Einsparungen und Kürzungen im öffentlichen Dienst in Griechenland betrafen auch die für die Asylverfahren zuständigen Stellen, die nicht in der Lage waren, die Ankommenden zu registrieren und zu versorgen. In der aktuellen «Flüchtlingskrise» winkten sie deshalb oft die Flüchtlinge durch, von denen sich zehntausende von Italien oder Griechenland aus nach Nordeuropa aufmachten, ohne registriert worden zu sein. In Deutschland angekommen, erfolgte dann wiederum in vielen Fällen ebenfalls keine Registrierung. Die EU-Migrationspolitik hatte sich selber ausgeschaltet.

Flüchtlinge, die nach Griechenland kommen, müssen seit 2016 in einem von fünf sogenannten Hotspots bleiben, die auf den Inseln in der Ost-Ägäis eingerichtet wurden. Über die Zustände in diesen Aufnahmezentren hat Papst Franziskus im April 2017 drastische Worte verloren und sie sogar mit Konzentrationslagern verglichen: «Viele Flüchtlingslager sind Konzentrationslager – wegen der Menge an Menschen darin.» Der Papst, der schon die ablehnende Haltung Ungarns und Polens bei der Aufnahme von Flüchtlingen kritisiert hatte, wies auch darauf hin, dass Einwanderung im Interesse Europas sei: «Wir sind eine Zivilisation ohne Kinder, aber schließen unsere Türen gegenüber Migranten. Das nennt man Selbstmord.» Vor dem Europaparlament hatte Papst Franziskus 2014 den Politikern ins Gewissen geredet und gesagt: «Man darf nicht hinnehmen, dass das Mittelmeer zu einem Massenfriedhof wird!» Das ist es aber inzwischen geworden.

In Griechenland wird in den Hotspots entschieden, ob die Flüchtlinge wieder in die Türkei abgeschoben werden können. Dort wird der Deal, den die EU mit der Türkei abgeschlossen hat, umgesetzt. Über die Lebensumstände in einem dieser sogenannten Hotspots auf der Insel Chios berichteten im Juli 2017 freiwillige Helfer auf einer Pressekonferenz der Diakonie Deutschland. Demnach sind die Hotspots heillos überfüllt und genügen in kaum einem Bereich menschenrechtlichen Mindeststandards. Flüchtlinge müssten teilweise monatelang in Zelten schlafen, in den Zelten und Containern gebe es Ratten und Ungeziefer. Kinder hätten keinen Zugang zum Schulsystem und drohten außerdem, Opfer sexueller Gewalt zu werden. Die Zahl psychischer Erkrankungen habe extrem zugenommen. Regelmäßig komme es zu Hungerstreiks und Suizidversuchen. In den Camps hätten ethnische Konflikte zu Gewalt mit Todesfällen geführt. Geltendes Recht werde systematisch missachtet oder angepasst, um das fragwürde Abkommen mit der Türkei funktionsfähig zu halten.

Für diese Zustände in den Hotspots wie überhaupt für die Abschreckungsmaßnahmen an den EU-Außengrenzen tragen alle europäischen Staaten und damit auch wir eine Mitverantwortung, wie die Diakonie Deutschland zu Recht feststellte. Selbst dem Rechnungshof der Europäischen Union bereitete die Lage der unbegleiteten Minderjährigen auf den Inseln Sorge. Es fehle an kindergerechten Aufnahmeeinrichtungen, so die EU-Behörde.

Seit 2011 schickte Deutschland Asylbewerber nicht mehr nach Griechenland zurück, weil dort kein ordentliches Verfahren gewährleistet ist. Diese Entscheidung wurde mehrfach von deutschen Gerichten bestätigt. Nach einem Urteil des Europäischen Gerichtshofs für Menschenrechte verfahren auch andere europäische Staaten entsprechend. Um das Dublin-Verfahren wieder in Gang zu setzen, empfahl aber die EU-Kommission im Dezember 2016, Flüchtlinge, die aus Griechenland in andere EU-Staaten weitergezogen sind, ab 2017 wieder zurückzuschicken. Die Zustände im griechischen Asylsystem hätten sich gebessert, so die Kommission, offensichtlich schlecht informiert oder wider besseres Wissen. Seit dem März 2017 schickt auch Deutschland im Einzelfall wieder Flüchtlinge nach Griechenland zurück, wenn die Behörden dort eine menschenwürdige Unterbringung und ordnungsgemäße Asylverfahren schriftlich bestätigen, so das Bundesinnenministerium. Auch in Ungarn kann eine menschenwürdige Behandlung der Flüchtlinge nicht garantiert werden. Dorthin schiebt die Bundesrepublik allerdings gar keine Flüchtlinge mehr ab, und im August 2017 wurde dieser Abschiebestopp noch einmal bekräftigt. Eine Bankrotterklärung für die europäische Migrationspolitik, wenn in EU-Mitgliedstaaten nicht abgeschoben werden kann, weil dort keine Strukturen vorhanden sind, die europäischen Mindeststandards entsprechen.

Konzentrationslager in Libyen?

Während die Medien noch bis vor kurzem teilweise täglich Bilder von der Balkonroute lieferten, erfuhr und erfährt man aus Libyen fast gar nichts. Doch was man erfährt, lässt einen erschaudern. Milizen beherrschen mehrere Küstenabschnitte. Die Schlepper zahlen Schutzgelder, um die Flüchtlinge durch ihr Gebiet und letztendlich bis aufs Meer hinaus zu bringen. Nach Angaben von FRONTEX kooperieren sogar hochrangige Offiziere des libyschen Militärs mit den Schleppern, angeblich sogar Einheiten der libyschen Küstenwache, die auch von Deutschland ausgerüstet und trainiert werden, um Flüchtlinge abzufangen.

Michael Obert, einer der wenigen Journalisten, die sich einen Einblick vor Ort verschaffen konnten, beschreibt die Haftlager, wo die gescheiterten Flüchtlinge unter unsäglichen hygienischen Bedingungen zusammengepfercht werden, als «die Hölle». Die gefangenen und dicht gedrängten Menschen bekommen, wie er in seinem Film für die ARD festhält, morgens eine Flasche mit Wasser, in die sie im Laufe des Tages urinieren müssen. Ihren Stuhlgang verrichten sie in Plastiktüten. Im Lager bei Zawiya, das dem Innenministerium der libyschen Einheitsregierung untersteht, berichten Frauen von Mehrfachvergewaltigungen. Tankred Stöbe von «Ärzte ohne Grenzen», der Internierungslager besucht hat, bestätigt: «Die Zustände sind katastrophal. Zum Beispiel standen in den Baderäumen eines Lagers Urin und Kot knöcheltief. Es gab keine Duschen, keine Latrinen, kein sauberes Trinkwasser. Die Menschen, die dort festgehalten werden, haben schlimme Hautinfektionen und Atemwegserkrankungen. Besonders erschreckend war für mich die Verzweiflung.»

Schockiert über die Zustände in den Lagern in Tripolis zeigte sich UN-Flüchtlingskommissar Filippo Grandi. Die Internationale Organisation für Migration bestätigt, dass es in Libyen regelrechte «Sklavenmärkte» gibt, auf denen Migranten gekauft und danach oft missbraucht und zu harter Arbeit gezwungen würden. Die Liste der Zitate zu Libyen, von Entsetzen gekennzeichnet, lässt sich fortsetzen: «Das sind zum Teil Konzentrationslager. Menschen werden dort vergewaltigt, es gibt kein Recht», so der luxemburgische Außenminister Asselborn. Bei seinem Besuch zeigte sich der deutsche Außenminister Gabriel erschüttert von «fürchterlichen Zuständen» in «finsteren Gefängnissen», wobei ihm noch eines der besten Internierungslager gezeigt und die Zustände vor

Ort beschönigt wurden. Gabriel sagte der Einheitsregierung 3,5 Millionen Euro zusätzliche «Flüchtlingshilfe» zu, womit die Zustände in den Lagern verbessert werden sollen. Ob die Gelder, wenn sie denn fließen, auch tatsächlich zu diesem Zweck verwendet werden, steht aber in den Sternen.

In ihrer Antwort auf eine Bundestagsanfrage wies die Bundesregierung im September 2017 darauf hin, dass die von der lybischen Küstenwache abgefangenen Flüchtlinge in sogenannte staatliche «Detention Centres» gebracht werden. Die Zustände in diesen offiziellen Zentren «sind durch inhumane Unterkunftsbedingungen (starke Überfüllung, mangelhafte sanitäre Verhältnisse, Nahrungs- und Arzneimittelengpässe) gekennzeichnet», so die Bundesregierung. Sie verweist auf die Berichte der Vereinten Nationen, wonach es in diesen Einrichtungen «zu äußerst schwerwiegenden Menschenrechtsverletzungen gekommen ist». Neben der offiziellen Küstenwache gibt es in Libyen auch Milizen, die nicht der Einheitsregierung unterstellt sind, sich aber selbst als Küstenwache bezeichnen, so die Bundesregierung weiter. Milizen und Schleuser «unterhalten zudem eine unbekannte Anzahl von Privatgefängnissen, in denen Flüchtlinge und Migranten unter anderem zum Zweck der Erpressung von Lösegeldern, sexueller Ausbeutung und für Zwangsarbeit festgehalten werden.» Zu diesen Lagern haben die Vereinten Nationen keinen Zutritt. Über das Schicksal der bis zu 37000 Flüchtlinge, die von der lybischen Küstenwache zurückgebracht wurden, liegen der Bundesregierung keine Erkenntnisse vor. Zu den dubiosen Anführern der Milizen und ihrer Rolle in der Küstenwache verweist sie mehrfach auf vertrauliche Geheimdienstinformationen, die aber als Verschlusssache nicht zur Veröffentlichung freigegeben sind.

In seiner Rede zur Lage der Union 2017 verlor selbst Präsident Juncker deutliche Worte zur Lage in Libyen: «Ich bin schockiert von den unmenschlichen Bedingungen in Auffang- oder Aufnahmelagern. Europa hat hier eine gemeinschaftliche Verantwortung. Und die Kommission wird in enger Zusammenarbeit mit den Vereinten Nationen handeln, um dieser skandalösen Situation, die nicht länger andauern darf, ein Ende zu setzen.» Den Einsatz zur Rettung von Flüchtlingen im Mittelmeer lobte der Kommissionspräsident mit den Worten: «Italien rettet im Mittelmeer die Ehre Europas.» Im Sommer habe die Kommission wieder eng mit der italienischen Regierung zusammengearbeitet, vor allem durch die Schulung der libyschen Küstenwache, fügte er hinzu, aller berechtigten Kritik zum Trotz, wie fragwürdig eine solche Kooperation ist. «Ich werde mich nie damit abfinden, dass Menschen im Meer ertrinken», sagte Juncker. Unweigerlich kommt einem das Wort «Krokodilstränen» in den Sinn, wenn man sich daran erinnert, was er bereits vor zwei Jahren gesagt hatte: «Es reicht nicht, abends vor den Fernsehschirmen zu weinen, wenn Menschen im Mittelmeer ertrinken, und am nächsten Morgen im Rat eine Gedenkminute abzuhalten.» Damals warf Juncker den EU-Staats- und Regierungschefs Untätigkeit bei der Aufnahme der Flüchtlinge vor. Inzwischen sind sie alle tätig geworden – was die weitere Abschottung Europas angeht. Italien unterzeichnete eine Vereinbarung mit Libyen zur gemeinsamen Grenzsicherung und die Europäische Kommission einen Aktionsplan, um die italienischen und libyschen Grenzbehörden finanziell zu unterstützen.

Italien macht es im eigenen Land in seinen sogenannten Hotspots vor, wie man die Flüchtlinge aussortieren kann. Sie müssen in einem Formular eintragen, warum sie einreisen. Die Möglichkeiten sind: Asyl, Familiennachzug, Arbeitssuche oder «Flucht aus der Armut». Flüchtlinge, die so ehrlich sind und «Armut» oder «Arbeit» angeben, werden als nicht asylberechtigt und als ausreisepflichtig erfasst. In Notunterkünften untergebracht, warteten so 2016 rund 132 000 Flüchtlinge auf ihre Abschiebung.

Alle grausamen Berichte halten die EU nicht davon ab, mit «Libyen», das es als einheitlichen Staat gar nicht gibt, Vereinbarungen zur Abschirmung vor Flüchtlingen abzuschließen, wobei in diesem Fall Italien die schmutzige Arbeit machen darf. Dabei hatte ein Expertenbericht des UN-Sicherheitsrats schon im Juni 2017 auf die erwähnte Zusammenarbeit zwischen bewaffneten Gruppen – darunter auch ausländische Söldner –, kriminellen Netzwerken und der libyschen Küstenwache, die von der EU unterstützt wird, hingewiesen. Menschenrechtsverletzungen, Entführungen, Massenerschießungen – all das dokumentiert der UN-Bericht.

Die bewaffneten Gruppen und kriminellen Netzwerke finanzieren sich weiterhin, wie man dem Bericht entnehmen kann, durch den Schmuggel von Migranten und Erdöl. Bis zu einer Million Flüchtlinge und Migranten sollen sich in Libyen aufhalten. Sie kommen vor allem aus Syrien, Ägypten, Niger, Sudan und Mali. Auch in Europa laufen die «guten Geschäfte» mit den Flüchtlingen. Die Mafia verdient Millionen an ihnen. So hat das organisierte Verbrechen ein Riesengeschäft mit Europas größtem Asylbewerberzentrum gemacht, wie jetzt die italienische Polizei bei einer Verhaftungswelle feststellte. Im Zentrum der Ermittlungen stehen ein Priester und der Chef einer vermeintlich karitativen «Bruderschaft». Diese betreibt das Asylbewerberzentrum Sant' Anna in Kalabrien. Der italienische Staat hat zusammen mit der EU dafür 103 Millionen Euro aufgebracht. Bis zu 36 Millionen davon hat die Mafiaorganisation «'Ndrangheta» abgezweigt, wie italienische Medien unter der Berufung auf die Strafverfolgungsbehörden berichten – und es scheint Verbindungen in die Politik zu geben. «Essen, wie man es normalerweise nur an Schweine verfüttert», sei den Flüchtlingen vorgesetzt worden, so der zuständige Staatsanwalt: «Als sich 500 Menschen im Lager befanden, wurden mittags nur 250 Essensportionen geliefert, wer leer ausging, konnte nur hoffen, am Abend etwas abzubekommen, während der Priester, der Manager, die Mafiabosse Kinos, Theater, Villen, Luxusautos, Luxusyachten erwarben.» Der zuständige Priester stellte sogar eine Rechnung über «geistigen Beistand» für die Flüchtlinge aus, mit einem Jahreshonorar von stolzen 150 000 Euro. Auch in anderen Gegenden Italiens verdient die Mafia an der Flüchtlingsunterbringung, aber auch an den Flüchtlingen, die als billige Arbeitskräfte ausgebeutet werden. Angesichts der enormen Summen, die landesweit für Aufnahmezentren ausgegeben werden, hält der Antikorruptionsbeauftragte Italiens den Fall aus Kalabrien nur für die «Spitze des Eisbergs». So hob die Staatsanwaltschaft von Palermo eine Bande aus, die wie eine Reiseagentur wohlhabende Migranten aus dem Maghreb per Schnellboot über das Mittelmeer nach Italien brachte. Eine abenteuerliche Geschichte, die noch durch das Gerücht gekrönt wird, dass die Mafia mit Islamisten zusammenarbeite und diese dafür Italien von Anschlägen verschonen würden.

Gut verdienen an der «Flüchtlingskrise» auch chinesische Firmen, die Schlauchboote nach Libyen liefern. Die Firma Weihai Dafang aus Shandong bietet nach Angaben des «SPIEGEL» im Internet verschiedene Ausführungen eines Typs mit dem Namen «Schlauchboot für Flüchtlinge» an, mit Platz für 50 bis 60 Personen, bis zu neun Meter lang. Lieferzeit 30 Tage, auch mal im Sonderangebot. Für ein paar hundert Euro liefern die chinesischen Firmen die Boote in Containern über Malta nach Libyen. Die Schleuser beladen die Schlauchboote mit bis zu 150 Menschen. Die Wände der Gummischläuche sind nur knapp einen Millimeter dünn, was schon bei einer einzigen Scheuerstelle fatale Folgen für die Insassen haben kann, zumal sie in der Regel nur über zwei Luftkammern verfügen. Die EU sieht aber keine Möglichkeit, die lebensgefährlichen Lieferungen aus China zu stoppen. Auch mit den Schwimmwesten für Flüchtlinge wird Geld verdient. Billige, mangelhafte Schwimmwesten, die in der Türkei verkauft wurden, retteten die Flüchtlinge nicht, sondern führten zu ihrem Tode, weil sie sich mit Wasser vollsogen.

Im Laufe des Jahres 2017 stieg auf dem Mittelmeer plötzlich die Zahl der Bootsflüchtlinge aus Bangladesch. Die Schleuser hatten eine neue Einnahmequelle entdeckt. Menschenrechtsverletzungen und zunehmende Gewalt sind auch in diesem Land Fluchtursachen, aber viele Migranten aus Bangladesch sehen schlicht keinerlei wirtschaftliche Perspektive in ihrer Heimat und versuchen, ihr Leben im Ausland zu verbessern. Schleuser haben deshalb eine Reiseroute von Bangladesch nach Libyen ausgearbeitet. Viele haben dabei Italien im Visier, weil dort schon über 100000 Landsleute leben. Hinzu kommen Bangalen, die als Arbeitsmigranten in Libyen tätig waren, jetzt der Willkür ausgeliefert sind und deshalb nach Europa fliehen. Schleuseragenturen aus Bangladesch haben inzwischen Zweigstellen in Libyen eröffnet. Zu haben sind der Flug nach Tripolis, der Transport ans Meer und die Überfahrt für 10000 Euro.

Die Hölle auf Erden

Libyen ist seit dem Sturz Ghaddafis im Jahre 2011 ein zerfallener Staat. Die wichtigsten Küstenstädte, von wo aus die Flüchtlingsboote starten, sind in den Händen von Milizen. Martin Kobler, bis Juni 2017 UN-Sondergesandter für Libyen, dessen Konvoi 70 Kilometer außerhalb von Tripolis angegriffen wurde, spricht davon, dass Milizen das Land beherrschen, von Ausnahmen abgesehen. Kobler wörtlich: «In Libyen kann jeder Menschenhändler machen, was er will. Je schwächer die staatliche Gewalt, desto mehr Flüchtlinge gibt es.» Auch er kritisiert die Situation in den Lagern, spricht von furchtbaren Zuständen. Hunderte Menschen würden dort in einen Raum gepfercht, sie schliefen in Schichten oder im Stehen, Krankheiten seien weit verbreitet – und dabei bezog er sich noch auf die besseren Camps, zu denen er regelmäßig Zugang hatte. Der UN-Sondervermittler für Libyen sagt, er höre von systematischen Vergewaltigungen von Frauen durch die Menschenhändler und das Lagerpersonal. Nach einem Bericht des Gemeinsamen Analyse- und Strategiezentrums illegale Migration (GASIM) vom Sommer 2017, in dem verschiedene deutsche Sicherheitsbehörden, wie etwa das Bundeskriminalamt, zusammenarbeiten, reißt der «Migrationsstrom» durch Libyen nicht ab, obwohl die «prekären Zustände» in diesem Land den Migranten vor Beginn der Reise bekannt sind.

2017 hat sich die Menschenrechtslage in Libyen weiter verschlechtert, so die Sicherheitsbehörden in ihren Lageberichten: «Die Schleuser werden zunehmend professioneller und skrupelloser und nehmen den Tod der Migranten bei der Überfahrt nach Italien billigend in Kauf.» Insbesondere Ostafrikaner werden auf ihrem Weg nach Europa in den Lagern in Libyen durch Schleuser ausgebeutet. Deutsche Diplomaten haben die Zustände in bestimmten libyschen Flüchtlingslagern intern als «KZ-ähnlich» bezeichnet: «Authentische Handy-Fotos und -videos belegen die KZ-ähnlichen Verhältnisse in den sogenannten Privatgefängnissen.» Ihren Bericht überschrieben sie mit «Rückkehr aus der Hölle.» Dort würden «allerschwerste, systematische Menschenrechtsverletzungen» begangen. «Exekutionen nicht zahlungsfähiger Migranten, Folter, Vergewaltigungen, Erpressungen sowie Aussetzungen in der Wüste sind dort an der Tagesordnung.» Weiter heißt es in dem Bericht: «Augenzeugen sprachen von exakt fünf Erschießungen wöchentlich in einem Gefängnis – mit Ankündigung und jeweils freitags, um Raum für Neuankömmlinge zu schaffen, d.h. den menschlichen ‹Durchsatz› und damit den Profit der Betreiber zu erhöhen.»

Bestätigt wurde die «Hölle auf Erden» in den Lagern durch einen vertraulichen Bericht, den EU-Diplomaten nach einem Besuch in einem libyschen Flüchtlingslager verfasst hatten. Migranten würden in inoffiziellen Lagern so lange festgehalten, bis sie Lösegeld zahlen könnten. In dem Bericht heißt es, dass Migranten sogar zwischen den Lagern hin und her verkauft würden. Die italienische Polizei hat ermittelt, wie die Menschenhändler bei ihrem «Geschäftsmodell» vorgehen: Sie zwingen Flüchtlinge, Angehörige auf dem Handy anzurufen. «Dann quälen sie ihre Opfer, damit die Familie zu Hause die Schmerzensschreie hört und bereit ist, so viel Geld wie möglich zu schicken», sagte der ermittelnde Polizeichef von Agrigent, Giovanni Minardi. Die Schilderungen der Migranten seien glaubhaft und wiesen viele Übereinstimmungen auf, so die italienischen Ermittler. Auch tragen viele Flüchtlinge Narben, Verletzungen oder dauerhafte Behinderungen davon. Nach den Aussagen der Opfer gibt es in Libyen mehrere solcher Foltergefängnisse. Sie dienen als Zwischenstation, bevor die Flüchtlinge auf Schlauchboote verfrachtet werden.

Nach einem weiteren erschütternden Bericht, den Oxfam, eine Nothilfe- und Entwicklungsorganisation, zusammen mit italienischen Partnern im August 2017 veröffentlichte, gehören Folter, Vergewaltigung und Zwangsarbeit zum Alltag vieler afrikanischer Flüchtlinge in Libyen. Der Bericht beruht auf Interviews mit 258 Migranten – 31 Frauen und 127 Männer –, die über Libyen nach Italien gekommen sind. Monatelang zusammengepfercht wie Vieh, verkauft auf dem libyschen «Sklavenmarkt», sind Frauen körperlicher und sexueller

Gewalt ausgesetzt, aber auch die Männer sprechen von Vergewaltigungen, so der Bericht. Für viele ist die lebensgefährliche Flucht aus dem Land über das Mittelmeer keine freie Entscheidung, sondern eine Frage des Überlebens. Wegen der Politik der EU, die, so die Menschenrechtsorganisation weiter, darauf abzielt, die Flüchtlinge daran zu hindern, nach Italien zu gelangen, sitzen tausende von ihnen in Libyen in der Falle. Oxfam erinnert die EU daran, dass sie die Bastion der Menschenrechte sein will und deshalb Flüchtlingen garantieren sollte, dass sie sicher Europa erreichen können und ihnen ein fairer Zugang zu einem Asylverfahren gewährleistet wird. Ein Weckruf, der wie so viele ungehört verhallte, in einem Europa, das seine Grenzen immer mehr auf andere Länder vorverlagert und möglichst nichts davon hören oder sehen und auch nicht darüber sprechen möchte, was dort geschieht.

Die grausame Statistik aus dem Bericht von Oxfam sieht so aus: Außer einer Frau erlitten alle Befragten sexuelle Gewalt. 74 Prozent gaben an, sie hätten die Ermordung und/oder Folterung eines Gefährten gesehen. 84 Prozent sagten, sie hätten inhumanes oder herabwürdigendes Verhalten, extreme Gewalt oder Folter erfahren. 70 Prozent seien gefesselt worden. 80 Prozent erzählten, ihnen seien Nahrung und Wasser verweigert worden. 60 Prozent hatten keine medizinische Versorgung erhalten.

Das Geschäft mit den «Illegalen»

Weil legale Einwanderungsmöglichkeiten sowohl für Arbeitsmigranten als auch für Flüchtlinge praktisch nicht vorhanden sind, blüht das Geschäft der Schlepper. Die Flüchtlingspolitik treibt die Menschen in die Arme der Menschenhändler, die sie illegal ins Land bringen, nicht nur auf der Route über das

Mittelmeer, sondern auch auf dem Landweg. Irreguläre Migranten finden vor allem Beschäftigung im Bereich der Dienstleistungen, als Reinigungskräfte in Privathaushalten, auf dem Bau oder in Gaststätten. Sie leben in der ständigen Angst, entdeckt und ausgewiesen zu werden. Sie haben keinerlei Rechte gegenüber einem Arbeitgeber. Im Krankheitsfall haben sie keine Versicherung. Im Jahre 2009 wurden die Verwaltungsvorschriften im Aufenthaltsgesetz zwar so geändert, dass irreguläre Migranten im Notfall bei einem Arztbesuch oder im Krankenhaus nicht gemeldet werden müssen und ihnen damit nicht die Abschiebung droht. In der Praxis nehmen aber nur wenige diese medizinische Hilfe in Anspruch. Auch beim Schulbesuch gab es eine Veränderung. Die Bundesregierung hat die aufenthaltsrechtliche Übermittlungspflicht für Schulen sowie Bildungs- und Erziehungseinrichtungen gestrichen. Bisher waren öffentliche Stellen dazu verpflichtet, Ausländer ohne gültige Aufenthaltspapiere der Ausländerbehörde zu melden. Davon sind Schulen jetzt ausgenommen, was aber trotzdem zu Unsicherheiten führt, weil Kinder ohne Papiere in nur wenigen Bundesländern Anspruch auf Schulbesuch haben.

Das Thema «Illegalität» ist in Deutschland fast tabu. Nur das Forum «Leben in der Illegalität» der Deutschen Bischofskonferenz kümmert sich regelmäßig darum und forderte 2017 beispielsweise, «dass Menschen in der aufenthaltsrechtlichen Illegalität ihren Anspruch auf medizinische Grundversorgung ohne Furcht vor Aufdeckung ihres Status und Abschiebung geltend machen können». Darüber hinaus müsse es allen schwangeren Frauen unabhängig von ihrem Status möglich sein, «ihr Kind frei von Angst auf die Welt zu bringen» und die erforderliche Vor- und Nachsorge zu erhalten.

Schätzungen gehen nach Angaben des Bundesnachrichtendienstes davon aus, dass 15 bis 20 Prozent der Migranten in einer illegalen Situation leben. In der EU sollen sich 1,9 bis 3,8 Millionen Menschen illegal aufhalten. In Deutschland rechnet man mit bis zu einer halben Million Irregulären. Dass die Zahl im Vergleich zu früheren Jahrzehnten niedriger liegt, hat damit zu tun, dass einige ost-, mittelost- und südosteuropäische Länder heute zur EU gehören und ihre Staatsangehörigen sich daher legal in Deutschland aufhalten können. Dass Flüchtlinge und Arbeitsmigranten in die Illegalität abtauchen, ist die Schattenseite der restriktiven Migrationspolitik. Für die sogenannten Wirtschaftsflüchtlinge führt der Weg zu Aufenthaltsrecht und Arbeitserlaubnis im Grunde nur über das Asylrecht – eine Überforderung des Systems und ein wichtiges Argument für ein Einwanderungsgesetz.

Weil ein vernünftiges Bleiberecht fehlt, werden immer wieder Kettenduldungen erteilt. Eigentlich sollte die Duldung, die Aussetzung der Abschiebung, schon längst abgeschafft werden und durch eine Reform denjenigen, die schon länger hier sind und nicht abgeschoben werden können, eine Perspektive für einen Daueraufenthalt gegeben werden. In der Praxis funktionieren diese Beschlüsse jedoch immer noch nicht, leben Zuwanderer jahrelang mit Duldungen, was es eigentlich nicht mehr geben sollte. Kinder wachsen hier auf, die das Land der Eltern gar nicht kennen und für die Deutschland zur Heimat geworden ist. Eines Tages droht ihnen aber doch die Abschiebung. Auch hier ist es scheinheilig, wenn sich Politiker in Deutschland darüber aufregen, dass in den USA des Präsidenten Trump Kinder von irregulär Eingewanderten plötzlich abgeschoben werden sollen. Denn im eigenen Land existieren ähnliche Probleme, auch wenn es den Zahlen nach um ganz andere Dimensionen geht. Im Kern handelt es sich aber um dasselbe Problem.

Für ihre Schleuserdienste verlangen kriminelle Organisatoren bis zu fünfstellige Eurosummen. Um ihren Gewinn einzustreichen, treiben Schleuser insbesondere Frauen aus Osteuropa oder Afrika in Illegalität und Zwangsprostitution. Die Vereinten Nationen veröffentlichten im September 2017 neue Daten zu «Modern Slavery». Danach sind weltweit 40 Millionen Menschen von Zwangsarbeit als Hausangestellte, auf dem Bau oder in der Landwirtschaft von dieser «modernen Sklaverei» betroffen. Frauen und Mädchen sind überproportional vertreten, mit fast 29 Millionen oder 71 Prozent. 152 Millionen Kinder auf der Welt im Alter zwischen 5 und 17 Jahren werden zur Kinderarbeit gezwungen.

Die Industrienationen wollen auf der einen Seite die illegale Einreise verhindern, auf der anderen Seite profitieren sie aber von der illegalen Ausländerbeschäftigung, was die Doppelbödigkeit der Migrationspolitik sehr anschaulich macht. Man schätzt, dass Frankreich ein Drittel seiner Autobahnen mit illegalen Einwanderern gebaut hat oder dass Italien schon vor Jahren einen erheblichen Teil seines Bruttosozialprodukts mit Illegalen erwirtschaftet hat. Verschiedene europäische Länder, wie Italien oder Spanien, haben im Laufe der Jahre immer wieder Legalisierungskampagnen durchgeführt und unter bestimmten Voraussetzungen den Irregulären Aufenthaltspapiere gegeben, wenn sie sich bei den Behörden gemeldet haben. Nach einigen Jahren hatte die Zahl der Irregulären aber schon wieder zugenommen. Spanien änderte im Frühjahr 2015 die Regelungen, mit denen Ausländer ohne Aufenthaltserlaubnis aus dem Gesundheitssystem ausgeschlossen worden waren. Mit einem neuen Gesetz sollen betroffene Migranten wieder einen Zugang zu einer medizinischen Grundversorgung erhalten. Hilfsorganisationen in Spanien schätzen die Zahl der Irregulären dort auf über 800 000.

Die Abschottungspolitik und ihre Kosten

Welches Schreckensregiment auf den Fluchtrouten herrscht, zeigte sich im August 2017, als bekannt wurde, dass Menschenschmuggler aus Angst, entdeckt zu werden, vor der Küste des Jemen 180, später nochmals 120 Menschen zwangen, ins Meer zu springen. 55 afrikanische Migranten im Durchschnittsalter von 16 Jahren ertranken dabei. Flüchtlinge aus Somalia und Äthiopien versuchen immer wieder, es über den Jemen in die reichen Golfstaaten oder nach Saudi-Arabien zu schaffen. Daher zieht es viele Menschen ausgerechnet in den Jemen – eines der ärmsten Länder auf der Welt. Nicht zuletzt wegen der militärischen Intervention Saudi-Arabiens in den dortigen Bürgerkrieg hungern dort Millionen von Menschen und eine Choleraepidemie hat über 400 000 Bewohner erfasst. Die Vereinten Nationen sprechen von der schlimmsten humanitären Katastrophe der Gegenwart. Allein 2017 steuerten über 100 000 Flüchtlinge über die lebensgefährliche Route vom Golf von Aden die jemenitische Küste an. Vom Horn von Afrika versuchen Flüchtlinge aber auch, über den Sudan und Libyen ans Mittelmeer und nach Europa zu gelangen. Durch die Abschottungspolitik Europas, die den Sudan dabei fördert, diese Fluchtroute zu versperren, ist dieser Weg verschlossen worden. Im März 2017 wurden vor der jemenitischen Küste 42 Somalier getötet, als ihr Schiff von einem Kampfhubschrauber beschossen wurde. 29 weitere wurden verletzt. Die Flüchtlinge wollten nach Europa.

Aber auch auf dem Landweg, über die beiden spanischen Exklaven in Nordafrika, Ceuta und Melilla, erreichen immer wieder Flüchtlinge und Menschen auf der Suche nach Arbeit Spanien und damit Europa. Im Laufe des Jahres 2017 gelang es fast 6000 Menschen, die Absperrung zu durchbrechen. Spanische und marokkanische Sicherheitskräfte stoppten an einem einzigen Tag am Zaun rund um Ceuta 800 Migranten. Im Februar 2017 gelang über 850 Migranten an zwei Tagen der «Salto a la valla», der lebensgefährliche «Sprung über den Zaun», bis zu sechs Meter hoch, zusätzlich mit Nato-Stacheldraht versehen, mit rasiermesserscharfen Spitzen. An einem einzigen Tag im August 2017 drangen wieder knapp 200 Menschen auf die Hafenstadt Ceuta vor. Das Rote Kreuz teilte mit, dass 186 Personen nach der Stürmung der Grenze betreut werden mussten, vier Flüchtlinge seien in ein Krankenhaus gebracht worden. Spanien hat 47 Millionen Euro in die Zäune von Melilla investiert, 25 Millionen kosteten die in Ceuta. Allein für die Wartung müssen im Jahr rund 10 Millionen Euro bereitgestellt werden. Nach Einschätzung von Menschenrechtsorganisationen campieren über 1500 vorwiegend afrikanische Migranten in den Wäldern um Ceuta und warten auf ihre Chance, die Grenzanlagen zu überwinden.

Vor allem sind es junge Männer aus Kamerun, Liberia oder Guinea, die oft jahrelang unterwegs sind, bis sie die spanischen Exklaven oder Libyen erreichen. Die Zustände in den Aufnahmelagern in den spanischen Gebieten in Nordafrika sind menschenunwürdig, stellt das Flüchtlingswerk der Vereinten Nationen (UNHCR) fest. Kritik wird auch daran geübt, dass Spanien immer wieder mit Eilabschiebungen Flüchtlinge, die es über den Grenzzaun geschafft haben, umgehend auf die marokkanische Seite zurückverfrachtet. Durch die Zusammenarbeit mit Maghrebstaaten wie Marokko ist es Spanien auf jeden Fall gelungen, die Zahl der Flüchtlinge – vor zehn Jahren waren es noch 40 000 jährlich – drastisch zu reduzieren («Operation Seepferdchen»). Spanien ist für die EU ein Modell geworden, wie man Flüchtlinge fernhalten kann. Vor allem aus Mauretanien in Westafrika erreichten bis 2006 tausende Migranten und Flüchtlinge auf Schiffen die Kanarischen Inseln.

Die spanische Regierung und die EU gaben etwa 20 Millionen Euro dafür aus, um die Migration – wie es heißt – zu steuern. Zusammen mit ihren Kollegen aus Mauretanien bewachten die spanischen Sicherheitskräfte die Küste und stoppten die Boote. Rücknahmeabkommen folgten. Menschen, die aufgegriffen wurden, landeten in Lagern, alles ein Modell für das aktuelle Vorgehen in Libyen. Das Abkommen mit dem Senegal zur Ausbildung von Polizeibeamten und zur Abwehr von Migranten wurde von Spanien 2017 erneuert. Die spanischen Rücknahmeabkommen, das Abfangen von Flüchtlingsbooten und die Rückführung aus internationalen Gewässern sowie die «Operation Seepferdchen» insgesamt verstoßen klar gegen völker- und seerechtliche Bestimmungen und gegen die Genfer Flüchtlingskonvention. Spanien schickte mehrere hundert Sicherheitskräfte nach Mauretanien, um Migranten in den Hafenstädten abzufangen und sie in einem Abschiebelager einzusperren. In Mauretanien wurde das Lager «Guantanamito» (Klein-Guantanamo) genannt, in Anspielung auf die Haftbedingungen für Terrorverdächtige auf dem berüchtigten amerikanischen Militärstützpunkt auf Kuba.

Doch trotz aller Bemühungen kommen inzwischen wieder deutlich mehr Flüchtlinge nach Spanien. Selbst die radikalsten Abwehrmaßnahmen sind also keine Garantie dafür, dass sich Europa wirksam abschotten kann. Über 20 000 Männer, Frauen und Kinder wurden im Laufe des Jahres 2017 vor den spanischen Küsten aus dem Mittelmeer gerettet – mehr als doppelt so viele wie im Jahr zuvor. Auch in Südspanien und auf den Balearen überraschten Flüchtlinge wieder die Touristen, als sie mit ihren Booten anlandeten. 49 Afrikaner ertranken Anfang Juli vor der spanischen Insel Alborán. Nach Angaben von Amnesty International hat die EU Marokko zwischen 2003 und 2010 rund 68 Millionen Euro als Darlehen für das «Grenzmanagement» zur Verfügung gestellt. «Geld und Vorteile bei Flüchtlingsabwehr» – das spielt nicht nur beim EU-Assoziierungsabkommen und bei den Verhandlungen über ein Freihandelsabkommen mit Marokko eine Rolle, sondern ist zu einem zentralen Ansatzpunkt der europäischen Migrationspolitik geworden.

Patentlösungen gibt es nicht

Unter den Bootsflüchtlingen sind viele Menschen, vor allem Schwarzafrikaner, die auf der vermeintlichen Wohlstandsinsel Europa bessere Lebenschancen, vor allem Arbeit, suchen. Ganze Dorfgemeinschaften legen Geld zusammen, damit einer von ihnen es in die Wohlstandsländer schafft und sie mit Euros oder Dollars aus der Fremde versorgt. Auf den Schiffen sitzen heutzutage Arbeitsmigranten und Flüchtlinge. Es handelt sich um eine «gemischte Migration», wie die Fachleute sagen. Die Grenze zwischen Arbeitsmigranten und Flüchtlingen ist in der Tat fließend. Ein Beispiel dafür ist Libyen, wo viele «Gastarbeiter» Arbeit fanden. Dem Terror von Milizen ausgeliefert und in Gefängnisse geworfen, wurden sie geradezu zu Flüchtlingen gemacht, die versuchten, über die lebensgefährliche Fahrt auf dem Mittelmeer nach Europa zu kommen. Fluchtursachen gibt es gerade in den Sub-Sahara-Ländern genug, auch wenn sie bei uns oft übersehen werden. In diesen Staaten leben mehr als 853 Millionen Menschen. Zahlreiche Konflikte z. B. in der Zentralafrikanischen Republik, dem Südsudan, in Somalia, Nigeria oder der Demokratischen Republik Kongo haben immense Fluchtbewegungen ausgelöst, die sich nicht unwesentlich von denen im Nahen Osten unterscheiden. Alles in allem verzeichnet UNHCR in den Ländern südlich der Sahara – das sind 49 der 54 afrikanischen Staaten – 3,7 Millionen Flüchtlinge und 11,4 Millionen Binnenvertriebene.

Dieses weltweite Flüchtlingsdrama verliert man in Europa gerne aus den Augen. Vielmehr versucht man sich gegen vergleichsweise geringe Flüchtlingszahlen immer weiter abzuschotten. So kündigte der österreichische Verteidigungsminister Hans Peter Doskozil (ÖVP) im Juli 2017 an, dass sein Land den Brenner sogar mit Panzern und Soldaten gegen Migranten schützen werde, wenn es notwendig sei. Italiens Regierung reagierte entsetzt und bestellte den österreichischen Botschafter ein. Die italienischen Sicherheitskräfte kontrollieren am Brenner, von einem «neuen Flüchtlingsstrom» ist auch nach Einschätzung der Behörden auf der Seite Österreichs nichts zu spüren. Solcher Aktionismus an den Grenzen mit dem Blick auf eine beunruhigte Wählerschaft ist nicht neu. Anfang 1998 warf die deutsche Bundesregierung Rom vor, die nach Italien einreisenden Kurden nicht genügend kontrolliert zu haben und sie nach kurzem Aufenthalt nach Deutschland weiterreisen zu lassen. Die italienische Regierung konterte, Deutschland dürfe sich nicht zum Richter aufspielen. Der vorhergesagte «Kurdenansturm» über Italien und Frankreich nach Deutschland blieb dann jedoch aus. Der damalige Bundesinnenminister Manfred Kanther war in jenen Tagen eigens per Hubschrauber an die deutsch-französische Grenze in Kehl geeilt, wo die «italienischen Kurden» erwartet wurden, die allerdings nicht eintrafen. Obwohl die illegale Einwanderung nach Italien danach unvermindert anhielt, wurde es um das Thema in Deutschland schlagartig ruhig. Ein Beleg dafür, wie in Europa eine Art von Hysterie – teilweise von Politik und Medien geschürt – um die Flüchtlingspolitik entstehen und genauso schnell wieder verschwinden kann.

Es ist naiv zu glauben, durch Entwicklungspolitik und finanzielle Hilfen allein könne man Fluchtursachen beseitigen. Schon jetzt begeben sich nicht die Ärmsten der Armen auf den Weg, sondern eher diejenigen, die über eine gewisse Bildung verfügen, sich in Europa Chancen ausrechnen und über Kraft und Mittel verfügen, die gefährliche und lange Reise anzutreten. Mit zunehmendem Wohlstand steigt zunächst eher die Migration. Allerdings ist die Welt der Migration dauernd in Bewegung. So machen sich aus Afghanistan neuerdings auch immer mehr junge, ungebildete Menschen auf nach Europa, um bessere Lebensverhältnisse zu suchen. Ähnliches gilt für Ägypten. Der Zusammenhang zwischen Migration und Entwicklungspolitik muss also für jedes Land genau untersucht und die entsprechenden Maßnahmen müssen an den Ergebnissen ausgerichtet werden.

Patentlösungen für die weltweite «Flüchtlingskrise» gibt es nicht und das ist es gerade, was es zu vermitteln gilt. Eine unbequeme Wahrheit für Wählerinnen und Wähler, die eine Lösung erwarten und Politiker, die solche vermeintlichen Vorschläge präsentieren. Dazu gehört beispielsweise die Ansicht, durch das EU-Türkei-Abkommen würde man die Krise in den Griff bekommen und der Deal sei eine «Blaupause» für ähnliche Verträge mit Afrika. Das Abkommen mit der Türkei kann ohnehin schnell ins Wanken kommen, wenn die Türkei selbst es aufkündigt, weil sich Erdoğan von Europa ausgeschlossen fühlt. FRONTEX weist zudem darauf hin, dass die türkischen Behörden nach dem Militärputsch und den massiven «Säuberungsaktionen» im Sicherheitsapparat so geschwächt sind, dass sie die Grenzkontrollen und weitere Maßnahmen zur Abwehr der Flüchtlinge – alles im Auftrag der EU – nicht mehr gewährleisten können und die Umsetzung des Abkommens damit in Frage gestellt wird.

Abkommen mit Unrechtsregimen?

Angela Merkel entwickelt neuerdings eine rege Reiseaktivität in Richtung Afrika, und besuchte Mali, Niger, Äthiopien, Ägypten und Tunesien, um über die Flüchtlingspolitik zu sprechen. «Auffanglager» in Nordafrika – das war das umstrittene Schlagwort, das in diesem Zusammenhang aufkam und das Merkel in ihrem wöchentlichen Videopodcast auch selbst in den Mund genommen hatte. Später distanzierte sie sich von dieser prekären Wortschöpfung. Aber auch Thomas Oppermann, damals SPD-Fraktionschef im Bundestag, sprach sich für die Einrichtung von Auffanglagern in Nordafrika aus, ein Konzept, das schon der ehemalige SPD-Bundesinnenminister Otto Schily 2004 vorgeschlagen hatte. Jetzt hatte es Bundesinnenminister Thomas de Maizière bei einem Treffen seiner Amtskollegen aus der EU auf Malta in die Runde geworfen. Schily hatte sich 2004 dafür ausgesprochen, «Aufnahmezentren» – nordafrikanische Flüchtlingslager – einzurichten, in denen Asylanträge gestellt werden könnten. Kritik erntete er damit nicht nur bei Bündnis 90/Die Grünen, sondern auch beim früheren Bundesinnenminister Wolfgang Schäuble (CDU), der meinte: «Internierungslager für Asylbewerber am Rande der Sahara können keine Lösung sein.» Schily wäre «gut beraten, solche Vorschläge nicht einmal im Sinne eines lauten Nachdenkens zu machen», weil sie sich mit dem internationalen Asylrecht ebenso wenig vertrügen wie mit der Genfer Flüchtlingskonvention.

Der Vorschlag, Aufnahmezentren in Nordafrika einzurichten, ist allerdings noch deutlich älter. Dänemark hatte so etwas bereits 1986 ins Gespräch gebracht. Ähnliche Ideen vertraten später die Niederlande und Großbritannien. All diese Vorschläge waren nicht von Erfolg gekrönt, hapert es doch an der praktischen Umsetzung. Wie etwa soll man Asylanträge nach europäischen Standards in Afrika bearbeiten? Wer soll solche Lager einrichten und beaufsichtigen? Der Rechtsanspruch, gegen abgelehnte Asylanträge zu klagen, wäre ausgehebelt, denn wo und vor welchen Gerichten könnte geklagt werden? Sollen Beamte aus Deutschland in diese gefährlichen Länder geschickt werden und wenn ja, wer beschützt sie? Schließlich müssten die europäischen Staaten dann bereit sein, anerkannte Asylbewerber aus den afrikanischen Zentren aufzunehmen. Die bisherigen Erfahrungen zeigen, dass dazu herzlich wenig Neigung vorhanden ist. Die finanziellen Aufwendungen für solche Aufnahmeeinrichtungen wären enorm und sie könnten sogar anders als beabsichtigt wie Magneten auf Flüchtlinge und Migranten wirken.

Die EU hat 2014 den sogenannten Khartum-Prozess ins Leben gerufen, durch den in Zusammenarbeit mit den Staaten in Ostafrika und am Horn von Afrika die sogenannte irreguläre Migration verringert werden soll. In der Folge verlagerte Europa seine Grenzsicherungen immer weiter nach Afrika. So sollen Flüchtlinge auf den wichtigsten Routen durch Drohnen und Hubschrauber bereits in der Wüste gestoppt werden, damit sie gar nicht erst Libyen und danach Europa erreichen. Die Vorverlagerung der Verteidigung der europäischen Grenzen («Externalisierung») schreitet immer weiter voran. Die EU versucht mit der unter UN-Vermittlung errichteten libyschen Einheitsregierung, die allerdings mit zwei Gegenregierungen und vielen Milizen im Land um die Macht kämpft, entsprechende Vereinbarungen zu treffen. Tunesien hat bereits einen Schutzwall gegenüber Libyen errichtet. Europa trainiert Grenzbeamte unter anderem aus den diktatorischen Ländern Eritrea und Sudan, die selbst für Flüchtlingsbewegungen verantwortlich sind. Eritrea, das «Nordkorea Afrikas», ist ein Exporteur von Flüchtlingen. Menschenrechtsverletzungen und Folter sind an der Tagesordnung. In Deutschland beantragten 2016 rund 17400 Eritreer Asyl, wovon 93 Prozent anerkannt wurden. Trotzdem kooperiert Europa mit diesem Unrechtsregime, um Flüchtlinge fernzuhalten. Der Aufbau und die Unterstützung der Polizei oder der Küstenwache in Ländern wie Libyen sind schon deshalb ein zweischneidiges Schwert, weil diese Sicherheitskräfte von den Regimen leicht gegen die eigene Bevölkerung und für die eigenen Machtinteressen eingesetzt werden können.

Tunesien lehnte beim Besuch der Kanzlerin Auffangzentren für Flüchtlinge ab. Der tunesische Außenminister Khemales Jhinaoui bekräftigte diese Position im Oktober 2017 und sagte: «Tunesien wird keine Aufnahmelager oder Asylzentren akzeptieren.» Bereits im Februar hatten tausende gegen Auffanglager für Flüchtlinge und gegen aus dem Irak und Syrien zurückkehrende Dschihadisten demonstriert. Allerdings wurde Tunesien dafür gewonnen, abgelehnte Asylbewerber aus Deutschland zurückzunehmen. Je 250 Millionen Euro Entwicklungshilfe hat Merkel nach Informationen der «taz» Ägypten und Tunesien für 2017 zugesagt. Im März 2017 hielten sich allerdings gerade einmal 1000 Ägypter und 1500 Tunesier in Deutschland auf, die abgeschoben werden sollten. Das wären – so die «taz» – 200000 Euro pro Abschiebefall. Fragwürdig sind Abkommen mit Staaten wie Ägypten in jedem Fall, in dem ein totalitäres Regime Menschenrechtsverletzungen begeht und damit selbst Flüchtlingsbewegungen produziert.

Die EU arbeitet gegenüber den afrikanischen Ländern mit «Zuckerbrot und Peitsche». Zusammenarbeit vor allem zur Abwehr von Flüchtlingen wird finanziell belohnt, bei Fehlverhalten kann der Geldhahn zugedreht werden. Das alles erinnert an die unsägliche Kolonialpolitik europäischer Großmächte vergangener Zeiten. Die EU sollte ihre widersprüchlichen Ansätze gegenüber Ländern wie Eritrea aufgeben. Das empfiehlt ein Experte wie Prof. Abdulkader Saleh Mohammad, der selbst aus Eritrea stammt. Auf der einen Seite winkt seiner Einschätzung nach die Europäische Kommission mit der Karotte von großzügiger finanzieller Hilfe. Auf der anderen Seite droht das Europäische Parlament mit der Peitsche und prangert die Verletzung der Menschenrechte an, ohne daraus irgendwelche praktischen Konsequenzen ziehen zu können. Blindes Vertrauen in das Regime seitens der EU ist nicht angebracht, wenn das Land sich zum Dialog bereit erklärt, weil es finanzielle Hilfe benötigt. Vielmehr sollte seiner Meinung nach die EU auf Reformen der korrupten Kommandowirtschaft oder die Entmilitarisierung des Landes bestehen, bevor sie Finanzhilfen bereitstellt. So liegen viele Vorschläge von Fachleuten gerade aus den Ländern, mit denen die EU Abkommen zur Beseitigung von Fluchtursachen abschließen will oder schon abgeschlossen hat, auf dem Tisch. Darauf aber wird wenig gehört, gerade weil ihre Umsetzung schwierig und die Wahrheiten, die von den Experten vertreten werden, unbequem sind, beispielsweise dass das Abkommen mit der Türkei kein Modell für Afrika ist. Die Bertelsmann Stiftung hat dazu eine umfangreiche Publikation vorgelegt. In Libyen besteht – so ein Hinweis aus der Studie – ein Problem darin, dass die einheimische Bevölkerung, die selbst dringend Unterstützung braucht, neidisch auf die Hilfsmaßnahmen blickt, die Flüchtlingen und Migranten zuteilwird. Dieses Phänomen des Sozialneids – den Flüchtlingen wird «alles hinterhergeschmissen, wir bekommen immer weniger» – ist auch aus Europa bekannt und führt zu Fremdenfeindlichkeit hier wie dort. Die EU und die internationale Völkergemeinschaft sollten deshalb gerade in Afrika die einheimische Bevölkerung und die Flüchtlinge gleichzeitig unterstützen.

«Besseres Migrationsmanagement» – ein klassischer Euphemismus

«Better Migration Management» (BMM) heißt das Programm, das unter anderem die Deutsche Gesellschaft für Internationale Zusammenarbeit (GIZ) im Auftrag der EU und des Bundesentwicklungsministeriums (BMZ) in der Region am Horn von Afrika umsetzt und das bis 2019 laufen soll. Für das Programm stehen 46 Millionen Euro aus der EU und 6 Millionen aus dem BMZ zur Verfügung. Wie sieht aber nun die Lage in den Ländern, die in das Programm einbezogen sind, aus und was bedeutet «besseres Migrationsmanagement» konkret? Nicole Hirt vom Leibniz-Institut für Globale und Regionale Studien in Hamburg (GIGA German Institute of Global and Area Studies) hat die Aktivitäten kritisch unter die Lupe genommen und bringt die Afrika-Strategie der EU auf den Nenner «Abschottung statt Fluchtursachenbekämpfung».

Äthiopien wird von einer Partei autoritär regiert und befindet sich im Ausnahmezustand. Dennoch ist es eines der wichtigsten Partnerländer Europas am Horn von Afrika, Aufnahmeland von einer halben Million Flüchtlingen aus Somalia, dem Süd-Sudan und Eritrea. Die meisten Flüchtlinge, die aus Äthiopien nach Europa kommen, sind Eritreer, von denen sich rund 160 000 im Land aufhalten und über den Sudan und Libyen nach Europa möchten. Weil die Eritreer gute Chancen haben, in Europa Asyl zu bekommen, machen sich auch Äthiopier auf den Weg dorthin. Dies zu unterbinden, ist das Ziel der europäischen Politik. Durch klassische Entwicklungshilfe «sollen die Lebensbedingungen der notleidenden äthiopischen Bevölkerung, einschließlich potenzieller Migranten mit speziellem Fokus auf Jugendliche und Frauen, verbessert werden».

In Eritrea, das die größten Flüchtlingsströme in Afrika auslöst, besteht dagegen kein einziges EU-Projekt. Geplant ist jedoch ein fragwürdiges Vorhaben, das unter Leitung der GIZ verwirklicht werden soll. Dabei ist vorgesehen, Grenzbeamte zu trainieren, um die Rechte von Migranten und Flüchtlingen sicherzustellen. Justizbeamte sollen geschult werden, um besser gegen Menschenschmuggler vorgehen zu können. «Das Eritrea-Projekt ist in jeder Hinsicht ohne klaren Fokus und an Absurdität kaum zu überbieten», so das vernichtende Urteil von Dr. Nicole Hirt. In Eritrea gebe es überhaupt keine funktionierende Justiz, Menschen würden ohne Gerichtsverhandlung verhaftet und nach Monaten oder Jahren wieder freigelassen, falls sie Glück haben. Das Land habe weder eine Verfassung, noch sei der Oberste Gerichtshof besetzt. So etwas wie Staatsanwälte gebe es im Lande überhaupt nicht. Eritreer, die vor dem zeitlich nicht begrenzten Militär- und Staatsdienst mithilfe lokaler Helfer und Militärs fliehen, die in den Schmuggel ihrer Leute verstrickt sind, versuchen die Grenzen nach Äthiopien und Sudan, an denen Schießbefehl herrscht, zu erreichen. Harte Strafen für Deserteure sind an der Tagesordnung, allerdings wird die Massenflucht nicht ganz unterbunden, weil die Flüchtlinge aus Europa Geld an ihre Familien schicken und sich damit eine Einkommensquelle für das Unrechtsregime auftut.

Dieses Beispiel von Fluchtursachenbekämpfung zeigt nach Einschätzung der Expertin des GIGA, dass die Rahmenbedingungen für solche Projekte ignoriert werden, die «damit sogar regimestabilisierend wirken». Auch in Kenia sollen Ermittler und Justizbeamte geschult werden, damit sie «effektiver gegen Menschenschmuggel vorgehen können», so die Absicht der GIZ. Innerhalb des Programms BMM wird sicher in vielen Fällen den Flüchtlingen und Migranten geholfen. So erhielten über 100 Äthiopier Unterstützung bei der Rückkehr in ihr Land. Sie waren auf der sogenannten südlichen Route unterwegs nach Südafrika und zu 15 Jahren Gefängnis verurteilt worden, weil sie illegal die Grenze nach Sambia überquert hatten. Später wurden sie begnadigt und konnten mithilfe von IOM in ihre Heimat gebracht werden. Und im Sudan ist im Rahmen des BMM vorgesehen, schutzbedürftige Flüchtlinge besser zu unterstützen, sie gut zu versorgen und unbegleitete Jugendliche psychosozial zu betreuen.

Das Flüchtlingshilfswerk der Vereinten Nationen (UNHCR) unterhält im Osten Sudans schon seit den 1970er Jahren Flüchtlingslager, die eher zu ständigen Siedlungen geworden sind. Die Verbesserung der Lebensbedingungen dort erscheint sinnvoll, allerdings versuchen die meisten Flüchtlinge, die Lager an der Grenze so schnell wie möglich zu verlassen, nicht nur weil es dort keine Zukunftsperspektiven gibt, sondern weil die Gefahr besteht, dass sie von Menschenhändlern aufgegriffen werden, die Lösegelder von Angehörigen erpressen. Außerdem können sie den miteinander kooperierenden sudanesischen und eritreischen Behörden in die Fänge geraten und von ihnen deportiert werden. Im Sudan wurden viele eritreische Flüchtlinge von sogenannten Rapid Support Forces aufgegriffen, die unter anderem Namen für Massaker in Darfur verantwortlich waren. Im Land herrscht Präsident Umar al-Baschir, gegen den der Internationale Strafgerichtshof in Den Haag einen Haftbefehl wegen Völkermord und Kriegsverbrechen erlassen hat. Er wird dafür verantwortlich gemacht, dass in der Region Darfur seit 2003 etwa 300000 Menschen getötet wurden. Das hält die EU offenbar nicht davon ab, mit ihm bei der Abwehr von Flüchtlingen zusammenzuarbeiten. Die GIZ hatte nach Angaben der «taz» im September 2017 bereits ein Programm mit insgesamt 46 Millionen Euro aufgelegt, um Grenzschützer in Ostafrika auszubilden. Dazu gehört das Training von sudanesischen Polizeibeamten.

Sicher ist das «Verbesserte Migrationsmanagement» gut gemeint. Sein offizielles Ziel ist schließlich, die Migranten «besser vor Gewalt, Misshandlung und Ausbeutung zu schützen. Migration in der Region soll erleichtert und sicherer werden», so die GIZ. In der Praxis scheint sich der Fokus aber zu verschieben. Das Fazit von Nicole Hirt: «De facto liegt der Schwerpunkt auf der Blockade von Fluchtrouten, u.a. durch den Aufbau einer Küstenwache in Libyen und den Einsatz von Milizen gegen Flüchtlinge im Sudan.» Insgesamt würde der Ansatz der EU autoritäre Regierungen aufwerten, die als Partner bei der Migrationsbekämpfung gesehen werden. Dies mache politische Reformen unwahrscheinlicher. In Libyen verstoße die EU gegen ihren eigenen Menschenrechtskodex, wenn sie trotz Warnungen von UN-Organisationen Flüchtlinge dorthin zurückschicken lässt, die dann unter unmenschlichen Verhältnissen in Lagern gehalten würden. «Migrationsmanagement» lautet auch der Titel des Programms, mit dem Italien über seinen «Fund for Africa» mit 200 Millionen Euro entlang der wichtigsten Migrationsrouten die Grenzüberwachung stärkt. Management der Migration und Flüchtlingsabwehr – die Grenzen sind fließend.

Das wird gerade an der Arbeit der Internationalen Organisation für Migration deutlich, die Teil des UN-Systems geworden ist. Bereits 2004 hat IOM eine «Migrationsstrategie» für das EU-Beitrittsland Albanien entwickelt. Nach einer kurzen Besprechung und ohne irgendeine parlamentarische Beratung hat die albanische Regierung das Konzept übernommen, das ganz im Sinne der EU ist und auch zur Migrationsabwehr dient. Ähnliche maßgeschneiderte Migrationsmodelle schlägt IOM vielen Ländern vor. Wie der Migrationsforscher Martin Geiger aufzeigt, sind «nicht nur fragile oder erheblich schwächere Staaten stark von der IOM beeinflusst und sogar von ihr abhängig geworden». So werden in Kanada wesentliche Teile der Migrationspolitik von der IOM umgesetzt, beispielsweise Programme zur Umsiedlung von Flüchtlingen oder umstrittene Saisonarbeiterprogramme in der Landwirtschaft. In Deutschland organisiert IOM die Rückführung abgelehnter Asylbewerber in ihr Heimatland. Dabei bietet sie finanzielle Anreize an, die die «freiwillige Rückkehr» erleichtern sollen. Ähnliche Programme hat IOM weltweit im Angebot. Prof. Geiger hält es für bedenklich, «dass sich im Statut der IOM keine explizite Anerkennung der Menschenrechte oder der Rechte von Migrantinnen und Migranten sowie von Flüchtlingen findet». In den letzten Jahren wurde die Organisation ausgebaut, was zu einer nicht unproblematischen Konkurrenz zum Flüchtlingshilfswerk der Vereinten Nationen oder zur Internationalen Arbeitsorganisation (ILO) geführt hat. Mit ihren 166 Mitgliedstaaten, einem Etat von 1,6 Milliarden US-Dollar und rund 10 000 Angestellten unterstreicht sie ihren weltweiten Führungsanspruch.

Politisch Verfolgte genießen Asylrecht – aber nicht in Europa

Im Herbst 2017 wurden Pläne der EU bekannt, durch die das Gemeinsame Europäische Asylsystem (GEAS) reformiert werden soll. Eine neue Dublin IV-Verordnung könnte zu einer weiteren Verschärfung des Asylrechts in Europa führen, die verbindlich, ohne dass die nationalen Parlamente zustimmen müssten, in Kraft treten würde. Eine wichtige Änderung betrifft die Auslagerung der Asylverfahren aus Europa. Durch ein sogenanntes Zulässigkeitsverfahren soll in Staaten außerhalb der EU, zum Beispiel in Nordafrika, festgestellt werden, ob ein Asylbewerber überhaupt einen Antrag stellen darf.

Falls er dieses Recht nicht hat, soll er unmittelbar in einen Drittstaat oder in einen sicheren Herkunftsstaat abgeschoben werden können, zum Beispiel in die Türkei oder nach Libyen. Dadurch würden de facto wichtige Teile der nationalen Asylgesetze wie das im deutschen Grundgesetz verankerte Recht auf Asyl endgültig ausgehebelt. Asylexperten oder auch die Diakonie Deutschland kritisierten die geplanten Aufweichungen der Asylstandards. Constantin Hruschka, Fachmann für Europäisches Asylrecht am Max-Planck-Institut für Sozialrecht und Sozialpolitik in München, sagte, die Pläne seien von dem Gedanken getragen, dass bereits die Ankunft eines Flüchtlings in Europa einen Missbrauch darstelle. Heribert Prantl brachte es auf den Nenner: «Das ungeschriebene Motto des kastrierten Asylgrundrechts von 1993 war der Satz: Politisch Verfolgte genießen Asylrecht – aber nicht in Deutschland. Die Feststellung ‹aber nicht in Deutschland›, soll ausgeweitet werden auf ‹aber nicht in Europa›.»

Im Oktober 2017 drohte die EU Ländern, die abgelehnte Asylbewerber nicht zurücknehmen, mit Visabeschränkungen, nicht nur mit Kürzungen bei der Entwicklungshilfe. Wie die «Welt am Sonntag» berichtete, sei Bangladesch das erste Land, bei dem dies erfolgreich angewendet worden sei. Man habe sich auf die Einhaltung von Standardverfahren bei Rückführungen geeinigt. Mit anderen Staaten werde bereits verhandelt. Durch Visabeschränkungen soll Druck auf die Eliten in den jeweiligen Ländern ausgeübt werden. Der Bundesinnenminister wie auch der CDU-Innenexperte Armin Schuster begrüßten dieses Vorgehen: «Das Establishment dieser Staaten muss begreifen, dass die ein oder andere Shoppingtour in München flachfällt.» Oder dass der Nachwuchs nicht in Heidelberg studieren könne, wenn sie nicht endlich die abgelehnten Asylbewerber zurücknähmen.

3. Alles schon mal dagewesen: eine kleine Geschichte der «Flüchtlingskrisen»

2015 schien es, als seien die vielen Geflüchteten unvorhersehbar wie ein Tsunami über Deutschland hereingebrochen und als hätte es so etwas noch nicht gegeben. Dabei hatte das Land schon viele Erfahrungen mit Geflüchteten und Einwanderern gesammelt und die Zuwanderung von Millionen verkraftet. Daran erinnerte sich aber in der Hektik des Moments kaum noch jemand, schon gar nicht an die «Flüchtlingskrise» von 1979/80, aber auch nicht an die «Einwanderungswellen» Anfang der 1990er Jahre oder an die Millionen von «Gastarbeitern» und Aussiedlern, die zugewandert sind und das Land scheinbar immer wieder in Krisensituationen brachten. Wer aber die Vorgeschichte nicht kennt, der kann auch die heutige «Krise» nicht richtig einordnen und läuft Gefahr, immer wieder dieselben Fehler zu wiederholen.

Die «Flüchtlingskrise» von 1979/80

Wenn man die Diskussion aus den Jahren 1979/80 Revue passieren lässt, fühlt man sich in die heutige Zeit versetzt. Beschleunigung der Asylverfahren, Sofortprogramme im Eilverfahren, Bekämpfung der Schlepperbanden, Abschreckungsmaßnahmen – all das liegt fast 40 Jahre zurück, als die Zahl der Asylbewerber im Jahre 1979 plötzlich auf 51 000 anstieg und im darauffolgenden Jahr die magische Zahl von rund 100 000 erreichte. Das entsprach fast zwei Dritteln aller Asylsuchenden in Europa. Kamen die Flüchtlinge in den früheren Jahren aus dem Ostblock und wurden mit offenen Armen aufgenommen, stammten sie jetzt aus der sogenannten Dritten Welt. Die Auseinandersetzung um «Asylmissbrauch» und «Scheinasylanten» erreichte im Wahljahr 1980 ihren vorläufigen Höhepunkt. Die Behörden waren mit der Abwicklung der Asylverfahren überfordert, Konsequenzen für die Zukunft wurden aber nicht gezogen. Schon damals sprach man vom «Schlepperunwesen», das es zu bekämpfen gelte. Zeitungen in den Heimatländern der Asylsuchenden gaukelten die heile Welt des Wirtschaftswunderlandes Deutschland vor und gaben sogar Tipps, wie man am besten mithilfe von Schlepperbanden dorthin käme. So schrieb beispielsweise die türkische Tageszeitung «Günaydin» mit einer Auflage von einer Million Exemplaren wörtlich: «Auch wenn man für das Asylersuchen keine Gründe findet, die dies rechtfertigen, dauert der Prozess, der den Asylanten ausweisen wird, mindestens 5 Jahre. Diese 5 Jahre reichen einem Arbeiter, um seine Finanzen in Ordnung zu bringen, vollkommen.»

Nicht aus den Jahren 2015/16 stammt das Folgende, sondern aus den Jahren 1979/80: Ein Landesinnenministerium fordert «wirksame Maßnahmen zur Eindämmung des Zustroms unechter Asylbewerber». Bayerns damaliger Ministerpräsident Franz Josef Strauß wirft der Bundesregierung vor, nicht durch eine Änderung des Ausländerrechts den Bundesländern «die Möglichkeit zu eröffnen, mit dem Heer der Scheinasylanten fertig zu werden». Der Ministerpräsident spricht von «kommerzialisierten Reisegruppen», die «mit Jumbos und Omnibussen» aus Pakistan und anderen Ländern unter Missbrauch des Asylrechts über die Grenze kämen. Und weiter wörtlich: «Wir können in Bayern nicht sagen:

Kommt alle zu uns, die ihr mühselig und beladen seid, aus allen Ländern der Erde.» Dann würde man hier «bald die Einwohnerzahl von China haben». Die Stuttgarter Ausländerbehörde muss für eine Woche schließen, um den Andrang der Asylsuchenden zu bewältigen. Die CDU/CSU-Bundestagsfraktion legt den «Entwurf eines Zweiten Gesetzes zur Beschleunigung des Asylverfahrens vor». Die bisher verabschiedeten Gesetze hätten keine Abhilfe gebracht. SPD und FDP sind auch nicht untätig und bringen eine Große Anfrage im Bundestag ein. Städte und Gemeinden beklagen sich. Der Stuttgarter Oberbürgermeister Manfred Rommel schlägt Alarm: «Die Bundesrepublik wurde gewissermaßen zum Selbstbedienungsladen für Asylbewerber.» Das Hauptproblem bestehe darin, «dass keine Unterkünfte zur Verfügung stehen. Wenn nicht bald eine Änderung eintritt, werden sich zwangsläufig Ausländergettos slumähnlicher Prägung mit allen sozialen, hygienischen und kriminellen Folgen bilden. Die ersten Anzeichen machen sich bereits bemerkbar.» Der Oberbürgermeister, der in seinem Brief an den Ministerpräsidenten des Landes das ausdrückte, was viele Gemeinden und Städte bundesweit in jenen Tagen empfanden, kritisierte auch das Asylzuweisungsgesetz der Landesregierung. In seinem Brandbrief forderte er eine Änderung der Verwaltungspraxis und die Einrichtung eines «Landesdurchgangslagers», weil die starke Zuwanderung von Asylsuchenden die öffentliche Ordnung und Sicherheit gefährden könnten. Ein solches Lager hätte seiner Meinung nach außerdem den Vorteil, dass «eine gewisse abschreckende Wirkung für Wirtschaftsflüchtlinge» von ihnen ausgehen würde.

Gemeinden müssen Notlager einrichten. Ein weiterer Oberbürgermeister (Walter Schweizer, Leinfelden-Echterdingen) setzt der Landesregierung in einem Fernschreiben die Pistole auf die Brust: Bis 14 Uhr, so sein Ultimatum, müsse die Landesregierung Unterkünfte für Flüchtlinge bereitstellen. Sonst werde die Stadt die Regierung über das Verwaltungsgericht zwingen, seiner «gesetzlichen Verpflichtung» nachzukommen, Asylsuchende in Gemeinden innerhalb des Landes unterzubringen. Auf diesen massiven Protest hin beschaffte die Landesregierung dann auch schnell Unterkünfte. Am gleichen Tag kritisierte der Landesinnenminister scharf den Bundesgrenzschutz und den Bundesinnenminister. Er warf ihnen vor, Eritreer mit «zum Teil gefälschten Pässen ohne weitere Nachprüfung einreisen» zu lassen, was das Bundesinnenministerium natürlich zurückwies. Baden-Württemberg werde, so der Innenminister, Asylbewerbern keine Arbeitsaufnahme mehr gestatten und die Sozialhilfe «soweit möglich» durch Sachleistungen ersetzen, falls der Bund keine Sammellager einrichte. Sollte der Bund nichts unternehmen, werde Baden-Württemberg die Bund-Länder-Vereinbarung über die Verteilung von Asylbewerbern kündigen. Der Schlagabtausch in der Asylpolitik läuft weiter: Die FDP wirft der Landesregierung vor, sie würde mit ihren Äußerungen zur Asylproblematik eine «Pogromstimmung» anheizen. Das internationale Kinderhilfswerk «Terre des Hommes» warnt vor einer Aushöhlung des Grundrechts auf Asyl. Ein Justizminister (Heinz Eyrich, Baden-Württemberg) schlägt vor, dass künftig Grenzrichter über den sofortigen Vollzug einer Zurückweisung von Asylbewerbern entscheiden sollen. Der Minister weist darauf hin, dass das Verwaltungsgericht Stuttgart bereits durch Asylklagen überlastet sei.

Ein Ministerpräsident (Lothar Späth, Baden-Württemberg) gibt den Druck aus den Städten und Gemeinden an die Bundesregierung weiter und droht in einem Brief an den Bundeskanzler mit einer Untätigkeitsklage. Wenn man das explosionsartige Anwachsen der «Asylantenwelle» nicht bald in den Griff bekomme, könne dies in der Bevölkerung zu «bürgerkriegsähnlichen Diskussionen (sic!)» führen, sagt er im Landtagswahlkampf. Der Bund verweist das Land schließlich auf die Unterbringungsmöglichkeiten in Kasernen und Schulen. Auf dem Stuttgarter Flughafen müssen Flüchtlinge aus Afrika notdürftig auf Matratzenlagern beherbergt werden. Der Landesinnenminister (Guntram Palm) befürchtet Streiks des Flughafenpersonals und «ernsthafte Beeinträchtigungen» des Flugverkehrs, was beides allerdings nicht eintrifft. Der Minister spricht davon, dass es «eine fluktuierende Flüchtlingsmasse» gebe, die «überall dorthin überschwappe», wo es wirtschaftlich besser gehe. Nach seinen Worten gebe es dabei ein «Zuflussproblem» und ein «Abflussproblem» sowie eine «Asylantenlawine».

Im Eilverfahren vor der Sommerpause verabschiedet der Bundestag ein Sofortprogramm der Bundesregierung und Abschreckungsmaßnahmen, um die steigenden Zahlen der Asylbewerber zu verringern. So bekommen Asylbewerber ein Jahr lang keine Arbeitserlaubnis. Unterdessen lehnen Städte wie Essen und Frankfurt a.M. eine weitere Zuweisung von Asylbewerbern ab. Flüchtlinge werden hin- und hergeschoben. Frankfurt schickt Flüchtlinge aus Afghanistan und Äthiopien nach Zirndorf in Bayern. Dort weigert sich der Lagerleiter zunächst, sie aufzunehmen. Bayern betont, dass Hessen die Flüchtlinge wieder zurücknehmen müsse. Schließlich dürfen sie doch «aus humanitären Gründen» bleiben. Im Schnellverfahren werden dann plötzlich alle Asylanträge der 202 Afghanen und Äthiopier anerkannt.

Die Landesregierung von Schleswig-Holstein setzt die Bundesregierung, wie viele andere Akteure, immer mehr unter Druck, so dass der Bundesinnenminister schließlich ein Sofortprogramm gegen die steigenden Zahlen von Asylbewerbern ankündigt. Bundesweit setzt eine Flut von Lösungsvorschlägen zur Bewältigung der Flüchtlingskrise ein, mit

Pressekonferenzen, gegenseitigen Schuldzuweisungen und einer Lawine von «Sofortvorschlägen.» Der krasseste Vorschlag kommt (wieder einmal) aus Bayern, wo ein CSU-Fraktionsvorsitzender im Landtag (Gustl Lang) anregt, die vorgeschlagenen Sammellager mit Wachtürmen und Stacheldraht zu versehen. Die damalige CDU/CSU-Bundestagsopposition im Bund spricht bei ihren Vorschlägen von einem «letzten Versuch», den Zustrom von sogenannten Scheinasylanten zu stoppen. Sonst werde es in der Bundesrepublik zu kaum vorstellbaren Situationen kommen. In einem Antrag fordert die Bundestagsfraktion der Union: «Durch flankierende Maßnahmen, wie die Bestrafung des Schlepperunwesens, und verstärkte humanitäre Hilfe in den Ursprungsländern, soll darauf hingewirkt werden, dass der Zustrom von Wirtschaftsflüchtlingen bereits an Ort und Stelle unterbunden wird.» Im Eilverfahren peitscht der Bundestag noch vor der Sommerpause – ein Verfahren, das sich bei solch wichtigen Beschlüssen in der Asyl- und Migrationspolitik öfters wiederholen sollte – ein Sofortprogramm ohne Aussprache durch die erste Lesung, wodurch der erste Durchgang durch den Bundesrat entfällt. Man hätte meinen können, dass es so etwas wie die Drucksache 8/4227 mit dem Datum vom 18. Juli 1980 nicht wieder geben werde: Nicht einmal von der Druckerei, sondern im Hause des Bundestages selbst schnell vervielfältigt, sogar mit handschriftlichen Änderungen versehen, passierte das Vorhaben das Gesetzgebungsverfahren und führte unter anderem ein Arbeitsverbot für Asylbewerber von einem Jahr ein. Aber bei einer der wichtigsten Entscheidungen in diesem Bereich, der Verabschiedung des Zuwanderungsgesetzes im Jahre 2004, und auch bei einschneidenden Maßnahmen in der Asylpolitik der letzten Jahre sollte sich diese Hektik wiederholen.

Die Geburt der «Ausländerdebatte»

In der «Flüchtlingskrise» 1979/80 wurde eine unsägliche Diskussion über die Asylpolitik in Gang gesetzt, die bis heute anhält. Dazu ein weiteres Beispiel aus Baden-Württemberg. Sozialminister Dietmar Schlee (CDU) wies auf eine steigende Ausländerfeindlichkeit hin. Die Stimmung in der deutschen Bevölkerung drohe von ausländerfreundlich in ausländerfeindlich umzuschlagen. Der unaufhörliche Strom von Gastarbeitern, Asylanten und Wirtschaftsflüchtlingen habe das Fass zum Überlaufen gebracht, so der Minister. Schlee weiter: «Einer Springflut gleich sind Flüchtlinge in den letzten Monaten in unser Land gedrängt. Die deutsche Bevölkerung sah sich plötzlich einer Schwemme von Menschen aus verschiedenen europäischen, asiatischen und afrikanischen Ländern ausgesetzt. Dieser Strom der Zufluchtsuchenden hat sich in die abgelegensten Dörfer ausgebreitet, und in der Großstadt beherrschen die Ausländer das Straßenbild.» Schon damals wurde das «Asylantenproblem» instrumentalisiert in der parteipolitischen Auseinandersetzung, auch zwischen Bundesregierung und der Opposition und den von ihr regierten Ländern. Der Wortschatz mit Kampfbegriffen wie «Asylantenflut» und die giftigen Zitate haben sich festgesetzt und letztendlich – ob bewusst oder unbewusst – zur Fremdenfeindlichkeit in Deutschland beigetragen.

Flüchtlinge als Wirtschaftsfaktor – das war schon 1980 ein Thema. Die Wirtschaft hieß sie willkommen und sprach sich gegen das geplante Arbeitsverbot für Asylbewerber aus. Bundesarbeitsminister Ehrenberg räumte ein, dass beispielsweise im Ruhrgebiet manche Bergwerke ohne «Asylanten» nicht mehr arbeitsfähig wären. Bestimmte Industrie- und Gewerbezweige waren auf Asylbewerber angewiesen, und das nicht nur bei Obsternten. Flüchtlinge verrichteten oft Arbeiten, die selbst den sogenannten «Gastarbeitern» nicht mehr zugemutet wurden. Auch damals zeigte sich schon der Widerspruch zwischen Abwehr einerseits und praktischem Nutzen der Flüchtlinge andererseits. Lehren für die Zukunft, für eine Zeit, wenn die Zahl der Flüchtlinge erneut ansteigen könnte, wurden aber nicht gezogen, beispielsweise indem man Stellen für die Entscheidung der Asylanträge oder bei den Gerichten schuf oder diese zumindest in der Hinterhand behielt. Dabei konnte man bei der aktuellen Weltlage mit Kriegen und Krisen davon ausgehen, dass eine solche Zeit wiederkommen würde. Stimmen der Vernunft, die auf diese realistische Zukunftsperspektive hinwiesen, verhallten ohne Wirkung, wie ein Appell des damaligen Bundesinnenministers Baum, der darauf hinwies, dass der deutschen Bevölkerung die Dimension des Asylproblems kaum bewusst sei: «Dabei geht es gerade darum, unseren Mitbürgern die globale Dimension dieses Problems und die humanitäre Solidarität, die Verpflichtung zum internationalen Lastenausgleich deutlich und verständlich zu machen ... Unsere geschichtliche Bevorzugung und zugleich unser praktisches politisches Problem ist, dass wir von den großen Krisenherden der Weltpolitik derzeit weit entfernt sind. Die politische Stabilität unseres Landes und die materielle Sicherung unserer Bürger machen es für breite Bevölkerungsschichten schwer, sich in die existentielle Not ausländischer Flüchtlinge hineinzuversetzen. Die Politik – quer durch alle Parteien – hat zuallererst die Aufgabe, bei unseren Bürgern um Verständnis für die betroffenen Flüchtlinge und Asylanten zu werben.» Ein Satz, der an Gültigkeit bis heute nichts verloren hat. Im Nachhinein entpuppte sich die Resolution, die der Bundestag am 2. Juli 1980 einstimmig verabschiedet hat und in der er besorgt auf das weltweite Flüchtlingsproblem hinwies sowie eine stärkere und wirksamere internationale Zusammenarbeit auf diesem Gebiet forderte, als reines Lippenbekenntnis, dem keine Taten folgten. Wer geglaubt hatte, es würde sich in Zeiten niedriger Zahlen von Asylbewerbern eine sachliche und vernünftige Diskussion entwickeln, die bei der nächsten Krise für mehr Gelassenheit sorgen könnte, der wurde eines Besseren belehrt, denn es sollte noch viel schlimmer kommen, und das lange vor der «Flüchtlingskrise» der letzten Jahre.

1992/93: Der «Asylkompromiss»

Im Laufe der 1980er Jahre war das Asylrecht immer mehr ausgehöhlt worden. Über 30 Änderungen des Asylverfahrensgesetzes waren bereits erfolgt. Schwere Menschenrechtsverletzungen, zum Beispiel Folter, führten nicht mehr zum Recht auf Asyl, auch wenn sie wegen politischer Betätigung erfolgt waren. Der Betroffene musste nachweisen, dass durch Folter die politische Gesinnung getroffen werden sollte. Religiöse Verfolgung führte nur dann zum Asyl, wenn der Staat die Austreibung oder «physische Vernichtung» der religiösen Gruppe betrieb.

Zehn Jahre lang blieb es aber relativ ruhig in der Flüchtlingspolitik, bis sich das Thema Anfang der 1990er Jahre zurückmeldete. 1992 stieg die Zahl der Asylbewerber, die vor allem aus Ex-Jugoslawien, aber auch aus Rumänien kamen, auf rund 440 000, ein Höhepunkt in der Nachkriegsgeschichte. Im Streit um ein neues Asylgesetz, der daraufhin ausbrach, trat der Präsident des Bundesamtes für die Anerkennung ausländischer Flüchtlinge, Norbert von Nieding, zurück, weil er die entsprechenden Pläne ablehnte. Sein Nachfolger bemängelte, dass das Amt wegen Personalmangels nicht in der Lage sei, Asylverfahren innerhalb der angestrebten sechs Wochen abzuschließen. Nur die Hälfte der neuen Stellen könne besetzt werden, weil der Arbeitsmarkt leergefegt sei. Auch hier gibt es einen Déjà-vu-Effekt: 2015 trat der Chef des Bundesamtes, der lange vergeblich mehr Personal gefordert hatte, zurück und die Zahl der Entscheider wurde danach vierfacht.

Wie schon früher gelang es im Streit um die Grundgesetzänderung der CDU/CSU das «Ausländerthema» zu besetzen und damit zeitweise die Basis der Sozialdemokraten zu unterminieren. Schließlich stimmte die SPD – mit dem Rücken zur Wand – der Grundgesetzänderung im sogenannten Asylkompromiss von 1992/93 zu. Das bevorstehende «Superwahljahr 1994» und die Befürchtung, die Unterstützung der Bevölkerung zu verlieren, spielten dabei wieder einmal eine entscheidende Rolle. Vergessen war die Zeit, als das Grundrecht «Politisch Verfolgte genießen Asylrecht» im Artikel 16 verankert wurde. Als der Parlamentarische Rat 1948 unter dem Vorsitz des SPD-Politikers Carlo Schmid über Asyl in Deutschland diskutierte, sagte dieser: «Ob man das Asylrecht, wenn man es wirksam machen will, auf bestimmte Gruppen beschränken kann, weiß ich nicht. Die Asylrechtgewährung ist immer eine Frage der Generosität, und wenn man generös sein will, muss man riskieren, sich gegebenenfalls in der Person geirrt zu haben. Das ist die andere Seite davon, und darin liegt vielleicht auch die Würde eines solchen Aktes. Wenn man eine Einschränkung vornimmt, etwa so: Asylrecht ja, aber nur soweit uns der Mann politisch nahe steht oder sympathisch ist, so nimmt das zu viel weg.» Hermann von Mangoldt (CDU) war sich mit seinem SPD-Kollegen vollkommen darin einig, dass eine Einschränkung des Asylrechts praktisch mit seiner Abschaffung gleichzusetzen sei. Er führte aus: «Ich brauche hier nur darauf hinzuweisen, wenn wir irgendeine Einschränkung aufnehmen würden, wenn wir irgendetwas aufnehmen würden, um die Voraussetzungen für die Gewährung des Asylrechts festzulegen, dann müsste an der Grenze eine Prüfung durch die Grenzorgane vorgenommen werden. Dadurch würde die ganze Vorschrift völlig wertlos.» Carlo Schmid schloss sich dieser Meinung an und ergänzte: «Dann beginnt das Spiel: Man schickt den Mann zurück oder man schickt ihn an die andere Grenze, und von dort geht es wieder weiter.» Das deutsche Asylrecht wurde damals aufgrund einer ausführlichen Debatte zu einer Zeit eingeführt, als Deutschland mit einem massiven Flüchtlingsstrom konfrontiert war und ein Zentrum des Weltflüchtlingsproblems bildete. Das Grundrecht auf Asyl in der Verfassung zu verankern, war also keine kurzfristige, quasi unüberlegte Entscheidung, wie später – gerade bei der Debatte um die Grundgesetzänderung – behauptet wurde. Bereits im Juni 1992 hatte die FDP ihre bisherige ablehnende Haltung gegen eine Asylrechtsänderung aufgegeben. Am 23. August schwenkte die SPD-Führung auf dem Bonner Petersberg ebenfalls endgültig um. Bundeskanzler Helmut Kohl sprach im Oktober 1992 in dem sich abzeichnenden Asyl-Kompromiss sogar von einem «Staatsnotstand», falls es zu keiner Grundgesetzänderung kommen sollte: «Die Grenze der Belastbarkeit ist überschritten. Die Situation hat sich dramatisch zugespitzt. Wenn jetzt nicht gehandelt wird, stehen wir vor der Gefahr einer tiefgehenden Vertrauenskrise gegenüber unserem demokratischen Staat, ja – ich sage es mit Bedacht –, eines Staatsnotstandes.» Es gab sogar Stimmen, die meinten, die SPD brauche gar nicht mehr zu den Wahlen anzutreten, falls sie nicht zustimmen sollte. Um die SPD weiter unter Druck zu setzen, hatte CDU-Generalsekretär Volker Rühe zuvor alle Parteigliederungen aufgefordert, die Kosten für Asylbewerber – «SPD-Asylanten» genannt – in Hotels und anderen Unterkünften ausfindig zu machen, um die Asyldebatte zuzuspitzen. Am 6. Dezember einigten sich Regierungskoalition und SPD schließlich auf den sogenannten

«Asylkompromiss». Die Zweidrittelmehrheit für die Grundgesetzänderung war damit gesichert. Vergeblich hatten SPD-Abgeordnete um die stellvertretende Parteivorsitzende Herta Däubler-Gmelin versucht, sie zu verhindern. Eine Abschaffung des Asylgrundrechts hatte sie im Vorfeld als «Kniefall vor den Rechtsextremisten» bezeichnet. Im Nachhinein räumte sie ein, dass die SPD «unter dem Druck der Straße» ihre Meinung geändert habe. Herta Däubler-Gmelin erinnerte in diesem Zusammenhang auch an die wahlkampfbedingte Anweisung des Bremer SPD-Bürgermeisters Wedemeier, künftig keine Flüchtlinge mehr aufzunehmen. In Bremen musste die SPD daraufhin eine vernichtende Wahlniederlage einstecken. Die Rechtsradikalen erhielten besonders viele Stimmen. Die Novellierung des Asylverfahrensrechts, die am 1. Juli 1993 in Kraft trat, brachte eine gravierende Änderung des Grundrechts auf Asyl mit sich, man kann zu Recht sagen, dass es auf eine Abschaffung hinausläuft. In Art. 16a, Abs. 1 Grundgesetz heißt es weiterhin: «Politisch Verfolgte genießen Asylrecht». Abs. 2 schränkt jedoch den Schutzbereich des Grundgesetzes vor allem durch drei Punkte ein: 1. Sichere Drittstaaten: Asylbewerber, die aus sogenannten sicheren Drittstaaten einreisen, in denen die Genfer Flüchtlingskonvention sowie die Europäische Menschenrechtskonvention gelten, erhalten kein Asyl mehr. Alle Nachbarstaaten Deutschlands sind sichere Drittstaaten, so dass Deutschland von einem «sicheren Gürtel» solcher Staaten umgeben wird. 2. Sichere Herkunftsstaaten: Ein Asylantrag gilt als «offensichtlich unbegründet», wenn der Antragsteller aus einem sogenannten «sicheren Herkunftsstaat» kommt, in dem keine politische Verfolgung vorliegt. Welches Land als sicher gilt, bestimmt der Gesetzgeber auf der Grundlage von Lageberichten des Auswärtigen Amtes. 3. Flughafenregelung: Diese Regelung gilt für Asylbewerber aus sicheren Herkunftsländern sowie für Asylbewerber ohne Ausweise, die über einen Flughafen einreisen und bei der Grenzbehörde um Asyl bitten. Das Asylverfahren wird dabei im Transitbereich des Flughafens beschleunigt vorgenommen. In Deutschland ist es seither nicht mehr möglich, auf dem Landweg einzureisen, um einen Asylantrag zu stellen, da die Einreise entweder über einen sicheren Drittstaat oder aus einem sicheren Herkunftsstaat erfolgt. Überspitzt ausgedrückt: Asylbewerber müssen mit einem Fallschirm über Deutschland abspringen, um einen Asylantrag stellen zu können oder illegal einreisen und vor allem ihren Fluchtweg verschleiern. Das deutsche Asylrecht orientiert sich sozusagen nicht mehr an der Schutzbedürftigkeit des Asylbewerbers, sondern am Fluchtweg und am gewählten Transportmittel. Es war auf jeden Fall neu in Deutschland, dass man Gesetze verletzen musste, um ein Grundrecht, das nach wie vor in der Verfassung stand, beanspruchen zu können. Die internationalen Schlepperbanden rieben sich nach der Grundgesetzänderung die Hände, ihr Geschäft mit den Flüchtlingen, die nur noch mit ihrer Hilfe nach Deutschland kommen konnten, blühte auf. Trotz aller Kritik, die im Laufe der Jahre immer wieder gegen die Flüchtlingspolitik vorgetragen wurde, bestätigte das Bundesverfassungsgericht die neuen Regelungen im Asylrecht.

Die Asyllotterie

Eine wichtige Maßnahme zur Grenzsicherung und zur Abwehr von Flüchtlingen ist das Konzept der «sicheren Herkunftsstaaten». Das sind Staaten, «bei denen aufgrund der allgemeinen politischen Verhältnisse die gesetzliche Vermutung besteht, dass dort weder politische Verfolgung noch unmenschliche oder erniedrigende Bestrafung oder Behandlung stattfindet». «Sichere Herkunftsstaaten» waren 2017 die Mitgliedstaaten der EU sowie Bosnien und Herzegowina, Ghana, Mazedonien, Senegal, Serbien, Albanien, Montenegro und der Kosovo. Die Liste der sicheren Herkunftsstaaten ist immer wieder umstritten. In den Balkanstaaten Bosnien, Serbien und Mazedonien kommt es zu Menschenrechtsverletzungen mit rassistischen Übergriffen auf Roma oder Homosexuelle, in Mazedonien zu gewalttätigen Auseinandersetzungen zwischen der mazedonischen Mehrheitsbevölkerung und der albanischen Minderheit. Die beiden großen Kirchen fordern deshalb, für diese Länder an der Einzelfallprüfung festzuhalten und nicht pauschal von «sicheren Herkunftsstaaten» auszugehen mit nur geringen Chancen für die Anerkennung als Flüchtling in Deutschland. Insbesondere den Kosovo auf die sichere Liste zu setzen, ist problematisch. Dort sind aufgrund einer Resolution der Vereinten Nationen immer noch etwa 5000 internationale Soldaten im Einsatz, darunter rund 300 aus Deutschland. Die Bundeswehr schreibt noch im Oktober 2015 auf ihrer Homepage, dass im Norden des Kosovo «das Eskalationspotential weiterhin hoch» sei. Sicher ist es dort also immer noch nicht.

Eine heftige Diskussion entstand im Frühjahr 2016 über die Pläne der Bundesregierung, Algerien, Marokko und Tunesien als weitere sichere Herkunftsstaaten einzustufen – offensichtlich eine Art «Bestrafungsaktion» dafür, dass viele Täter der Kölner Silvesternacht aus diesen Ländern kamen. Schließlich stimmte der Bundestag gegen die Stimmen der Opposition sowie einer Reihe von SPD-Parlamentariern einem entsprechenden Gesetzentwurf zu. In der Debatte räumte Bundesinnenminister Thomas de Maizière ein, dass es in den drei Maghrebstaaten Menschenrechtsprobleme gebe. In Algerien sehe das Strafgesetzbuch vor, dass ein Mann, der ein Mädchen unter 18 Jahren vergewaltigt, straffrei ausgehen könne, wenn er das Opfer heirate. In Marokko müssten Aktivisten mit staatlichem Druck rechnen, wenn sie den Anspruch des Landes auf die Westsahara kritisierten. In Tunesien könnten Männer wegen homosexueller Handlungen strafrechtlich belangt werden. Deutschland werde Menschen aus diesen Ländern weiterhin Schutz gewähren, «wenn ihnen ein individuelles Verfolgungsschicksal droht», so der Bundesinnenminister. Der Bundesrat sollte am 17. Juni 2016 dem Gesetz zustimmen, wogegen die Grünen schwerwiegende Bedenken anmeldeten. Schon bei der Einstufung weiterer Balkanländer als sichere Herkunftsstaaten stand vor allem Baden-Württembergs grüner Ministerpräsident Kretschmann im Fokus, der dieser Entscheidung schließlich zugestimmt hatte. Kurzfristig wurde der Gesetzentwurf zu den Maghrebstaaten dann von der vorläufigen Tagesordnung abgesetzt. So wurde eine Abstimmungsniederlage für die Bundesregierung vermieden und der politische Zwist mit den Grünen zu den Akten gelegt. Ein Thema, über das man sich so heftig gestritten hatte, verschwand von der Bildfläche. Erst nach dem Terroranschlag auf den Berliner Weihnachtsmarkt mit dem mutmaßlichen tunesischen Attentäter belebte sich die Debatte erneut. Der Bundestag billigte schließlich den Gesetzentwurf, der aber im Bundesrat 2017 keine Mehrheit fand.

Die Liste der als sicher definierten Herkunftsstaaten ist in Europa nicht einheitlich und führt zu einer «Asyllotterie» für Flüchtlinge, wie sie der Sachverständigenrat deutscher Stiftungen für Integration und Migration (SVR) dokumentiert hat. Je nachdem, in welches Land sie geraten, steigt oder fällt ihre Chance, anerkannt zu werden. Asylbewerber aus dem Senegal fallen in Deutschland beispielsweise unter die sicheren Herkunftsländer und haben damit kaum eine Aussicht auf Anerkennung. In Belgien oder Österreich dagegen sieht es besser aus, denn der Senegal steht dort nicht auf der Liste sicherer Länder. So schwanken die Anerkennungsquoten bei den gleichen Nationalitäten in den verschiedenen Ländern, besteht dieses Lotteriespiel, das über das Schicksal von Flüchtlingen entscheidet, seit Jahrzehnten. Die Chancen für irakische Asylbewerber auf Schutzgewährung lagen 2016 in Ungarn und im Vereinigten Königreich bei unter 13 Prozent, in der Slowakei und Spanien dagegen bei 100 Prozent. Für Afghanen schwankte die Schutzquote im gleichen Jahr zwischen 1,7 Prozent in Bulgarien und 97 Prozent in Italien. Die Liste lässt sich fortsetzen: Syrer erhielten in Irland, Griechenland, Italien, Litauen, Luxemburg, Österreich sowie in Großbritannien fast alle den Flüchtlingsschutz nach der Genfer Flüchtlingskonvention (GFK). In anderen Ländern wie Spanien wurde ihnen dagegen nur der vorübergehende subsidiäre Schutz gewährt. In der EU schwankt die Anerkennungsquote zudem über die Jahre. 2015 erhielten syrische Flüchtlinge in Deutschland fast zu 100 Prozent Schutz nach der GFK. Im nächsten Jahr waren es nur noch rund 58 Prozent, in den ersten drei Quartalen 2017 nur noch rund 37 Prozent. Die Mehrheit der Flüchtlinge aus Syrien erhält in Deutschland inzwischen nur noch subsidiären Schutz, und das alles, obwohl sich die Lage im Kriegsgebiet nicht verändert hat. In Italien ist es genau anders herum: 2014 erhielten 73 Prozent Schutz nach der GFK, inzwischen sind es rund 98 Prozent.

Von der immer wieder angekündigten «Europäisierung» der Asylpolitik ist Europa immer noch weit entfernt.

Die Zahl der Asylbewerber sank von 440000 im Jahre 1992 auf jeweils 120000 im Jahr 1994 und 1995. Dazu hatten nicht nur die psychologischen und praktischen Auswirkungen der Grundgesetzänderung, sondern vor allem die früheren Beschleunigungsmaßnahmen im Asylverfahren beigetragen, die sich jetzt erst bemerkbar machten. Der Antragsstau ging vor allem auch deshalb so stark zurück, weil das Bundesamt für die Anerkennung ausländischer Flüchtlinge sein Personal schließlich drastisch aufstockte. So wurden in einem Jahr 140 Prozent mehr Entscheidungen gefällt als im Jahr zuvor und der «Auftragsberg» von fast einer halben Million unerledigter Anträge plötzlich sehr schnell abgebaut, ähnlich wie dann 2016.

Aus der «2. Asylkrise» wurde allerdings wieder nichts gelernt, das Thema schien mit dem Rückgang der Zahlen abgehakt. Jetzt wäre es aber spätestens an der Zeit gewesen, aus den bisherigen Erfahrungen Konsequenzen zu ziehen, beispielsweise Personalkapazitäten vorzuhalten und nicht wieder schnell abzubauen. Auch Unterbringungsmöglichkeiten hätten beibehalten werden können. Ein Einwanderungsgesetz war immer noch in weiter Ferne. Dabei hatte es dazu zahlreiche Anlässe gegeben, beispielsweise in der «Aussiedlerkrise», die so ziemlich in Vergessenheit geraten ist.

Die «Aussiedlerkrise»

Die Zuwanderung von deutschstämmigen Aussiedlern stand lange Zeit an der Spitze der Statistik noch vor den Asylbewerbern und erreichte im Jahr 1990 nach dem Zusammenbruch der Sowjetunion mit rund 400 000 Personen ihren Höhepunkt. Diesmal drehten die Sozialdemokraten den Spieß um und attackierten die CDU/CSU und deren Aussiedlerpolitik, nachdem sie jahrelang vom politischen Gegner in der Asylpolitik an die Wand gedrückt worden waren. Die SPD löste 1996 einen anhaltenden Streit über die Aussiedlerpolitik aus. SPD-Chef Oskar Lafontaine sprach sich für die Reform des Staatsangehörigkeitsrechts aus, um eine – wie er sagte – Bevorzugung von Aussiedlern gegenüber seit Generationen in Deutschland lebenden Ausländern zu verhindern. Im Landtagswahlkampf in Baden-Württemberg im Jahre 1996 wiederholte sich sogar die Einwanderungsdebatte, die früher um Türken und Asylbewerber geführt wurde. Angesichts hoher Arbeitslosigkeit, so argumentierten diesmal die Sozialdemokraten, sei es unverantwortlich, über 200 000 Aussiedler ins Land hereinzulassen. Diese Argumentation brachte der SPD jedoch keine Wählerstimmen. Im Gegenteil, sie erreichte ein denkbar schlechtes Ergebnis im Südwesten. Die Aussiedlerpolitik markiert aber auch einen deutlichen Widerspruch in der Politik der CDU/CSU-FDP-Bundesregierung: Seit 1993 wurde der Zuzug durch eine klare Quote von 200 000 jährlich begrenzt und der Begriff «Spätaussiedler» statt Aussiedler festgeschrieben. Eine Einwanderungs- und Integrationspolitik, von der Regierung Kohl und vor allem vom damaligen Innenminister Kanther immer strikt abgelehnt, bestand damit bereits beim Zuzug von Spätaussiedlern. Viel zu spät hatte die Bundesregierung aber auf die hohen Zuwanderungszahlen und das «Aussiedlerproblem» reagiert. Dabei forderte bereits 1988 Baden-Württembergs Innenminister Dietmar Schlee (CDU), eine Aussiedlerstadt in Russland einzurichten, um auf das Problem der Unterbringung hinzuweisen. Immerhin kamen damals schon jährlich rund 200 000 Aussiedler aus der Sowjetunion sowie aus Süd- und Südosteuropa in die Bundesrepublik. Politiker nahmen sie mit offenen Armen auf. Der Bundesbeauftragte für Aussiedlerfragen, der Parlamentarische Staatssekretär im Bundesinnenministerium, Horst Waffenschmidt (CDU), bezeichnete die Kinder der Aussiedler 1989 noch als «Goldschatz». Er sagte: «Man darf jetzt nicht nur sehen, was diese Aussiedler uns in der Eingliederungsphase kosten, sondern man muss auch einmal sehen, dass sie auf Dauer ein großer Gewinn für uns sind. Sie sind Wirtschaftsbürger und erbringen etwas für unser wirtschaftliches Leben. Aber dazu kommt natürlich ein viel größerer Gewinn noch: sie sind ein großer kultureller Beitrag. Sie bringen ihre Tradition, ihren Glauben mit. Das macht sich schon positiv bemerkbar in manchen Städten und Dörfern. Und, was ich ganz wichtig finde, sie sind Menschen, die große Familien haben, viele Kinder mitbringen. Allein die Kinder sind schon ein Schatz für unser Zusammenleben. Also weit über das materielle hinaus sind sie ein Gewinn für uns.» Dahingegen warnte Stuttgarts Oberbürgermeister Manfred Rommel (CDU) frühzeitig davor, nach Osteuropa zu fahren und in so starkem Umfang Aussiedler anzuwerben. Rommel wörtlich: «Wir stehen vor einer gewaltigen Aufgabe in der Unterbringung und Eingliederung der Aussiedler. Diese Aufgabe kann man nicht dadurch erfüllen, dass gelegentlich die schwarz-rot-goldene Fahne gehisst wird, sondern nur dadurch, dass man ein finanziertes Einwanderungs- oder Eingliederungsprogramm aufstellt und Schritt für Schritt verwirklicht.» Schon bald entstanden in der Tat immer mehr Probleme aus der Zuwanderung von Aussiedlern. Die anfängliche Aufnahmebereitschaft kippte. Die wachsende Abneigung gegen Aussiedler offenbarte eine Umfrage in Nordrhein-Westfalen im August 1992: Nur noch ein Drittel stimmte jetzt der Aussage zu: «Die Aussiedler sind Deutsche, man darf sie nicht wie Ausländer behandeln.» Vier Jahre zuvor hatten sich noch zwei Drittel dieser Meinung angeschlossen. Viele «Gastarbeiterfamilien», die seit Jahrzehnten in Deutschland lebten, empfanden die Aussiedlerpolitik als sehr merkwürdig. Die Kinder der Aussiedler waren «Goldstücke», ihre eigenen Kinder dagegen angeblich eine Belastung für die Gesellschaft, wie es ihnen oft von Politikern vorgehalten wurde.

Im Gegensatz zu anderen Einwanderern führte die Bundesregierung bei Aussiedlern ein Eingliederungsangebot ein, mit sozialpolitischen Maßnahmen, einem Anspruch auf Einbürgerung und Eingliederungsbeihilfen wie zum Beispiel kostenlosen Sprachkursen. Auch wenn diese Integrationshilfen, insbesondere die Deutschkurse, später zurückgefahren wurden, waren sie mustergültig und hätten auch schon seit Jahrzehnten für andere Einwanderergruppen eingerichtet werden sollen.

Wer wählen kann, hat mehr vom Leben

Das Aussiedleraufnahmegesetz aus dem Jahr 1990 legte fest, dass deutsche Aussiedler aus Osteuropa und der ehemaligen Sowjetunion den Nachweis ihrer deutschen Abstammung, der auf dem Grundgesetzartikel 116 beruht, vom Herkunftsland aus führen müssen. Dies ermöglichte indirekt die Kontingentierung bei der Aufnahme von Aussiedlern. Das Kriegsfolgenbereinigungsgesetz vom 1. Januar 1993 schreibt vor, dass alle Ausreisewilligen aus den Staaten Osteuropas mit Ausnahme der Deutschen aus der Ex-Sowjetunion individuell glaubhaft machen müssen, dass sie aufgrund ihrer ethnischen Zugehörigkeit benachteiligt wurden. Diese neue Regelung – bisher ging die Bundesregierung generell von einem Vertreibungsdruck aus – führte dazu, dass fast keine Angehörigen der deutschen Minderheit in Rumänien und Polen als Aussiedler anerkannt wurden. Seit Anfang der 1990er Jahre kamen deshalb praktisch alle Aussiedler aus der ehemaligen Sowjetunion. Im Sommer 1996 wurde die Prüfung der deutschen Sprachkenntnisse der Ausreisewilligen im Herkunftsland eingeführt, durch die sie seitdem ihre deutsche Volkszugehörigkeit nachweisen müssen. Zwischen 1996 und 2000 wurden über 180 000 Ausreisewillige zu Sprachtests vorgeladen, von denen über 45 Prozent den Test nicht bestanden. Die Sprachtests zum Nachweis der deutschen Volkszugehörigkeit wurden somit zu einem weiteren Steuerungsinstrument und führten zu einem starken Rückgang der Zuwanderungszahlen. Außerdem wurde die Bearbeitung der Anträge auf das nächste Jahr verschoben, falls man sich der Quote näherte. Die Tatsache, dass diese Einwanderergruppe Wählerstimmen liefern kann, ist sicherlich eine wichtige Erklärung dafür, dass das «Aussiedler-Problem» von der Bundesregierung über Jahre hinweg geradezu tabuisiert wurde, beispielsweise was die Frage nach der «Einwanderung in die Sozialsysteme» angeht. Dabei war im Jahr 1998 mindestens jeder vierte erwerbsfähige Spätaussiedler arbeitslos und man hätte durchaus, vor allem was die jahrelang hohen Zuwanderungszahlen angeht, von einer «Aussiedlerkrise» sprechen können. Die Beschäftigungssituation insgesamt hatte sich bei dieser Einwanderergruppe dramatisch verschlechtert. Auch ein mustergültiges Integrationspaket, das für die Aussiedler von Anfang an geschnürt wurde, hatte die Probleme nur teilweise verringern können, zumal die Zahl der ohne Sprachtest kommenden Familienangehörigen in den letzten Jahren immer größer wurde. Die rotgrüne Bundesregierung sah sich nach dem Regierungswechsel mit dem Problem konfrontiert, dass sie trotz der eingeführten Quote rund 480 000 unbearbeitete Anträge von der alten Bundesregierung übernehmen musste, eine ähnlich hohe Zahl wie bei den Asylbewerbern in den letzten Jahren. Die neue Bundesregierung senkte die Zuzugsquote für Spätaussiedler von 200 000 auf 100 000 pro Jahr und versuchte mit einem neuen Konzept die Integrationsprobleme besser in den Griff zu bekommen. Spätaussiedler wurden nun – so der neue Aussiedlerbeauftrage Jochen Welt (SPD) – als ein Teil in der gesamten Migrations- und Integrationspolitik begriffen. Was das Thema «deutsche Sprachkenntnisse» und Nachzugsalter angeht, so wurde auf jeden Fall lange Zeit mit zweierlei Maß gemessen. Bei den ausländischen Familien werden Sprachkenntnisse als unabdingbare Voraussetzung für die Integration erwartet und seit vielen Jahren heftig über eine Senkung des Nachzugsalters debattiert. Beim Zuzug von Aussiedlern scheint dies – insbesondere für die Unionsparteien – offenbar keine Rolle zu spielen. Die Familienangehörigen, nicht nur die Ehepartner und minderjährigen Kinder, sondern auch die erwachsenen Kinder, deren Ehepartner und Kinder, konnten ohne Sprachtest nach Deutschland einreisen und bekommen meist direkt danach die deutsche Staatsangehörigkeit. In der Bevölkerung und in manchen Zeitungsberichten wurden Spätaussiedler lange als «Russen» bezeichnet, obwohl sie die deutsche Staatsangehörigkeit besitzen. (Spät-)Aussiedler bekamen automatisch die deutsche Staatsangehörigkeit, weil sie Deutsche im Sinne des Art. 116 des Grundgesetzes sind. Die doppelte Staatsangehörigkeit wurde ihnen zugebilligt, sie durften die russische behalten. Alles in allem wanderten von 1950 bis 2013 rund 4,5 Millionen Aussiedler ein, vor allem aus der früheren Sowjetunion. Trotz Obergrenzen blieben sie eine der größten Zuwanderungsgruppen. Sie galten als gut integriert, es wurde still um sie. Erst 2016 meldeten die sogenannten Russlanddeutschen sich zurück, und es zeigte sich, dass sie keineswegs durchweg politisch integriert waren. Offensichtlich aufgehetzt durch russische Medien protestierten Gruppen von ihnen gegen Flüchtlinge und wählten in nicht unerheblichem Umfang die AfD (Alternative für Deutschland). Die CDU/CSU versuchte im Bundestagswahlkampf 2017, mit einer gezielten Kampagne dieses Wählerpotential zurückzugewinnen, während die AfD die Russlanddeutschen ebenfalls umgarnte.

Alles in allem bleibt festzuhalten, dass die damalige Bundesregierung aus CDU/CSU und FDP gegenüber den Aussiedlern eine Politik der offenen Grenzen betrieben hat und das nicht nur für ein paar Tage wie im Herbst 2015 bei den Flüchtlingen, sondern über Jahre hinweg. Erst als die Zahlen weit über denjenigen der Asylbewerber lagen und sich die

Probleme zuspitzten, griff die Regierung zu Steuerungsinstrumenten und einer klaren Höchstgrenze, was völlig in Vergessenheit geraten war, als man sich in den letzten Jahren um eine solche Quote vor allem bei der Zuwanderung von Flüchtlingen stritt. Die Aussiedlerzuwanderung ist auch insofern ein Phänomen in der deutschen Migrationspolitik, als sie zeigt, wie man eine Massenzuwanderung mit all ihren Problemen unter den Tisch kehren kann, wenn die Gruppe einer Bundesregierung Stimmen bringt. Lange Zeit waren die Aussiedler treue Wähler der Union, aus Dankbarkeit, dass sie nach Deutschland kommen durften. Die parteipolitische Diskussion um die Spätaussiedler könnte jederzeit wieder aufflammen, denn 2017 hat sich die Zahl der Zuwanderer aus der früheren Sowjetunion im fünften Jahr in Folge erhöht. 7134 wurden bis zum Jahresende im bundesweit einzigen Aufnahmelager für Aussiedler in Friedland registriert. Ein wesentlicher Grund für diese Entwicklung sieht der Göttinger Historiker Alfred Eisfeld im Wegfall der Zuzugssperre für Familienangehörige. Im Gegensatz zu den Flüchtlingen wird hier wieder großzügiger verfahren und also mit zweierlei Maß gemessen. In Kasachstan leben rund 180 000 deutschstämmige potentielle Aussiedler, in Russland etwa 500 000.

Die Obergrenze: alter Wein in neuen Schläuchen

Eine Obergrenze für den Zuzug von Ausländern – ein heftiger Streitpunkt der letzten Jahre – bestand allerdings nicht nur bei den «Spätaussiedlern», sondern bereits in den 1970er Jahren in Teilen des Bundesgebiets. Nicht zuletzt aufgrund von Vorschlägen aus Baden-Württemberg wurde ab dem 1. April

1975 der Zuzug ausländischer Arbeitnehmer in sogenannte überlastete Siedlungsgebiete begrenzt. Von der Maßnahme waren in Nordrhein-Westfalen eine Region, in Hessen vier, in Bayern zehn und in Baden-Württemberg zwölf Regionen betroffen. In West-Berlin die damaligen Bezirke Kreuzberg, Tiergarten und Wedding. Kriterium für ein überlastetes Siedlungsgebiet war der Anteil der ausländischen Bevölkerung an der Wohnbevölkerung. Die Gebiete wurden automatisch zum «überlasteten Siedlungsgebiet», wenn dieser am festgelegten Stichtag 12 Prozent erreichte oder darüber lag. Daneben gab es noch «Kann-Zonen», bei denen es den Ländern überlassen war, auch andere Regionen zu überlasteten Siedlungsgebieten zu erklären.

Schon bald meldeten von der Regionalsteuerung betroffene Städte und Regionen zum Beispiel in Baden-Württemberg Kritik an der Maßnahme an. Der Regionalverband Mittlerer Neckar, in dessen Bereich Ballungsgebiete mit hohem Ausländeranteil lagen, bezeichnete die Einführung der Regionalsteuerung als einen «Eingriff in die Substanz» und schrieb an den Ministerpräsidenten. Schließlich wurde die Maßnahme nach zwei Jahren aufgehoben, vor allem weil die betroffenen Regionen über Arbeitskräftemangel klagten und sich bei der Landesregierung für die Aufhebung der Sperre einsetzten. Alles in allem ging in der Zeit der Zuzugssperre der Anteil der ausländischen Wohnbevölkerung an der Gesamtbevölkerung in diesen Gebieten in Baden-Württemberg kaum zurück, nämlich bloß um 0,9 Prozent. Fast genauso hoch – 0,8 Prozent – war der Rückgang im Landesdurchschnitt, also auch in den Gebieten ohne Regionalsteuerung.

In Berlin war die Zuzugsbeschränkung insofern kontraproduktiv, als Ausländer zwangsläufig in die Stadtteile zogen, in denen keine Sperre bestand. Diese Bezirke wurden damit gerade zu Hochburgen mit einem hohen Ausländeranteil mit den viel kritisierten sogenannten «Parallelgesellschaften», was eigentlich mit der Sperre hätte verhindert werden sollen. Nur in West-Berlin blieben diese Zuzugssperren bis 1990 bestehen und führten zu einem hohen Verwaltungsaufwand, der in keinem Verhältnis zum Nutzen stand, wie selbst Verwaltungsfachleute feststellten.

Auch in der Folge kamen Vorschläge, den Zuzug von Ausländern ab einer bestimmten Marke zu begrenzen, immer mal wieder auf die Tagesordnung. So im Jahre 1983, als eine Kommission «Ausländerpolitik», der unter anderem Vertreter von Bund, Ländern und Gemeinden angehörten, eine «Sperrung des Zuzugs in Regionen mit hohem Ausländeranteil» vorschlug, ohne auf die bisherigen Erfahrungen mit solchen Maßnahmen einzugehen. Schon früher war davon die Rede, dass ab einem Ausländeranteil von 10 Prozent die Stimmung in der Bevölkerung zu kippen drohe. Solche Zahlen – wie die von Horst Seehofer während der «Flüchtlingskrise» geforderte jährliche Obergrenze von 200 000 – werden rein willkürlich in die Debatte geworfen, ohne in irgendeiner Weise sagen zu können, wie man ausgerechnet auf eine solche Zahl kommt und nach welchen Kritierien sie festgelegt wird. Es geht um die «gefühlte Grenze der Belastbarkeit», die sich je nach Stimmungslage im Laufe der Jahre verschiebt. Anfang der 1980er Jahre schien die Grenze mit 100 000 Flüchtlingen überschritten zu sein, heute akzeptiert selbst der bayerische Ministerpräsident die doppelte Zahl, freilich ebenfalls ohne zu sagen, woher er sie hat.

Es ist eine Legende, das «Flüchtlingsproblem» ließe sich durch eine «Obergrenze» für die Flüchtlingsaufnahme lösen. Denn ganz abgesehen von der Frage, wer diese nach welchen Kriterien festlegt, stellt sich das viel größere Problem, wie man sie durchsetzen soll. Durch mehrere tausend Kilometer lange Zäune? Durch ein riesiges Polizeiaufgebot an den Grenzen?

Wenn sich die Menschen dadurch nicht abhalten lassen, wie Erfahrungen an solchen Zäunen etwa in den spanischen Enklaven in Nordafrika zeigen, nimmt Deutschland dann Verletzte oder Tote in Kauf? Bei einer Obergrenze von 200 000 – was passiert mit dem 200 001.? Es könnte ein Christ aus Syrien sein. Daneben bestehen verfassungsrechtliche Bedenken. Noch immer gilt die Genfer Flüchtlingskonvention. Artikel 33 enthält das Verbot, einen Flüchtling «auf irgendeine Weise über die Grenzen von Gebieten auszuweisen oder zurückzuweisen, in denen sein Leben oder seine Freiheit wegen seiner Rasse, Religion, Staatsangehörigkeit, seiner Zugehörigkeit zu einer bestimmten sozialen Gruppe oder wegen seiner politischen Überzeugung bedroht sein würde». Die Grenzen dicht: Dagegen sprechen unter anderem auch die Europäische Menschenrechtskonvention und die UN-Kinderrechtskonvention. Man müsste diese Verträge aufkündigen oder gegen sie verstoßen, was wohl niemand will. EU-Kommissar Günther Oettinger (CDU), der frühere Ministerpräsident Baden-Württembergs, bezeichnete die Diskussion um die Obergrenze im Oktober 2017 als eine «völlig verkürzte Symbolik». Mit anderen Worten: Sie bringt nichts, außer Wählerstimmen.

Doch nicht nur die Unionsparteien, auch die Sozialdemokraten haben versucht, sich der «Ausländerdebatte» in populistischer Weise zu bedienen. So kritisierte beispielsweise der damalige niedersächsische Ministerpräsident Sigmar Gabriel in der Auseinandersetzung um das Zuwanderungsgesetz am 6. März 2002, dass die Union Spätaussiedler aus der früheren Sowjetunion «ungesteuert ins Land lässt». Seiner Meinung nach stellten sie die größte Zuwanderergruppe mit den größten Integrationsproblemen dar. Niedersachsen hatte dazu einen Antrag im Bundesrat eingebracht, wonach Spätaussiedler wie Aussiedlungswillige aus anderen osteuropäischen Ländern einen individuellen Verfolgungsdruck nachweisen sollten. Damit könnte – so Niedersachsen – ihre Zahl um 90 Prozent verringert werden, also von rund 100000 auf 10000 pro Jahr. Gabriel sprach von einer «echten Nagelprobe» für die CDU und CSU. Sie könnten zeigen, ob sie es ernst meinten mit der Begrenzung und Steuerung der Zuwanderung. Die SPD konnte in diesem Fall auf eine Mehrheit in der Bevölkerung bauen: 63 Prozent der Deutschen wollten – so eine Umfrage vom März 2002 – den Zuzug von Spätaussiedlern aus der Ex-Sowjetunion künftig einschränken. Bei der Bundestagswahl am 22. September war die SPD dann mit 38,5 Prozent der Stimmen gleichauf mit der Union, nur ein Plus von 6000 Zweitstimmen führte letztendlich zur Fortsetzung der rot-grünen Regierung. Bei diesen knappen Mehrheitsverhältnissen kann in diesem Fall die Strategie, die Union mit der Aussiedlerpolitik anzugreifen, durchaus eine erfolgreiche Rolle gespielt haben. Auch Gerhard Schröder war nicht frei von «Ausländerpolemik». Als niedersächsischer Ministerpräsident forderte er im Juli 1997 die rasche Abschiebung ausländischer Straftäter. Wer das Gastrecht missbrauche, sagte Schröder, «für den gibt es nur eins: Raus, und zwar schnell.»

Symbolpolitik

Nicht nur Zuzugssperren, auch die heute wieder diskutierten Rückkehrprämien, die zunächst Mitte der 1970er Jahre regional im Rahmen einer wirtschaftlichen Krise bei der Firma Audi NSU im Raum Heilbronn gezahlt wurden, haben sich rasch als «Flop» erwiesen. Bis Ende 1975 hatte die Landesregierung 14,4 Millionen D-Mark Rückkehrprämien an ausländische Arbeitnehmer gezahlt. Durchschnittlich erhielten die 1872 Ausländer, die die Maßnahme in Anspruch nahmen, eine Prämie von 7700 Mark. Vergeblich versuchte die Landesregierung von Baden-Württemberg, solche Prämien durch eine Bundesratsinitiative bundesweit einzuführen. In der Realität konnte der Arbeitskräftebedarf bei Audi NSU aber schon 1976 nicht mehr ohne zusätzliche ausländische Arbeitnehmer gedeckt werden. Es dauerte nicht mehr lange, bis die Firma wieder so viele ausländische Arbeitnehmer aus Nicht-EG-Staaten beschäftigte, wie 1975 mit Rückkehrprämien durch die Landesregierung heimgeschickt worden waren.

Später wurden solche Rückkehrmaßnahmen dann doch im ganzen Bundesgebiet eingeführt. Nach zahlreichen Ankündigungen beschloss die Bundesregierung 1983 einen «Gesetzentwurf zur befristeten Förderung der Rückkehrbereitschaft von Ausländern», wobei sie nicht mehr umgesetzte Vorschläge der früheren Koalition aufgriff. Obwohl die Bundesregierung diese Rückkehrmaßnahmen geradezu als Erfolgsschlager darstellte, fällt eine kritische Bewertung anders aus. Das Rückkehrförderungsgesetz war eher eine Spar- und Sanierungsmaßnahme für die Rentenversicherung auf Kosten der ausländischen Arbeitnehmer. Dieser Spareffekt wird auf drei bis vier Milliarden Mark veranschlagt. Bei der Rückkehrhilfe für arbeitslose Ausländer rechnete die Bundesregierung mit Einsparungen beim Arbeitslosen- und Kurzarbeitergeld in Höhe von damals rund 90 Millionen Mark und mit 240 Millionen beim Kindergeld.

In Wirklichkeit war die Rückkehrförderung eher eine symbolische Maßnahme – gerade im Hinblick auf eine beunruhigte deutsche Bevölkerung, der konsequente Maßnahmen zum Abbau der Ausländerzahlen präsentiert werden sollten. Nicht nur bei der Rückkehrförderung dieser Jahre spielt die «Symbolpolitik» eine wichtige Rolle. Viele migrationspolitische Maßnahmen der Vergangenheit, die oft mit einer großen Öffentlichkeitsarbeit verbunden waren, lassen sich so erklären. Die psychologische Wirkung des Gesetzes darf allerdings nicht unterschätzt werden. Es verstärkte bei den Ausländern den Eindruck, sie seien «überflüssig», die ganze Politik sei auf Rückkehr ausgerichtet, man sei unerwünscht. Daher kapselte man sich ab und integrierte sich nicht in die deutsche Gesellschaft. Andererseits konnte in der deutschen Bevölkerung der Eindruck entstehen, es würden große Summen (Steuergelder) für die Rückkehrer ausgegeben, die aber in Wirklichkeit nicht einmal den Arbeitgeberanteil aus der Rentenversicherung ausgezahlt bekamen. Schon aufgrund der komplizierten Bestimmungen, die den Medien eine adäquate Darstellung erschwerten, blieb bei vielen nach dem Auslaufen des Gesetzes die «Tatsache» haften, 300 000 seien wegen ihm heimgekehrt, und es sei eine Massenabwanderung und damit die Lösung des «Ausländerproblems» eingeleitet worden. Ebenso vermittelte der Anwerbestopp von 1973 den falschen Eindruck, die Grenzen seien nun für die weitere Zuwanderung geschlossen worden. Mit dem Anwerbestopp feierte das Schlepperunwesen fröhliche Urständ, denn es gab jetzt keine legale Möglichkeit mehr, als Arbeitsmigrant nach Deutschland zu kommen.

Mythen und Legenden

In der Migrationspolitik werden also nicht erst seit der «Flüchtlingskrise» Mythen und Legenden verbreitet. Dazu gehört an vorderster Stelle der Mythos, Deutschland sei kein Einwanderungsland, der immer wieder – zusammen mit der Absage an «Multikulti» – hervorgeholt wird. Der bayerische Ministerpräsident und CSU-Vorsitzende Horst Seehofer erklärte Multikulti für «tot», die Bundeskanzlerin für «gescheitert». Und auf die Frage, ob Deutschland ein Einwanderungsland sei oder nicht, antwortete Bundeskanzlerin Merkel am

3. November 2010: «Eigentlich war es das nur zwischen den 1950er-Jahren und 1973.»

Die Liste der Legenden lässt sich fortsetzen, beispielsweise mit der viel verbreiteten Meinung, die Integration sei gescheitert bzw. die meisten Zuwanderer würden sich nicht integrieren. Dabei wird meist nicht gesagt, was eigentlich mit Integration gemeint ist und wie ein gut integrierter Deutscher bzw. Ausländer aussehen soll. In unserer Republik gibt es keine nationale Religion oder Kultur, die für die Bürger verbindlich gemacht werden könnte. Allein die Grundwerte der Verfassung, das positive (vom Menschen gesetzte) Recht und die Rechtsprechung begrenzen den Pluralismus in unserer Gesellschaft. Was die Diskussion um eine Leitkultur angeht, die in Deutschland seit vielen Jahren in regelmäßigen Abständen aufkommt, so spricht der Migrationsforscher Prof. Dieter Oberndörfer von einer schamlosen Blindheit ihrer Anhänger für die schwarzen Flecken der eigenen Kultur: «Der Holocaust wuchs auf dem Kultursockel einer christlich geprägten Gesellschaft. Die Mörder von Auschwitz waren keine Muslime», so Oberndörfer. Bei den viel diskutierten Parallelgesellschaften erinnert er daran, dass in Deutschland noch bis in die 1960er Jahre Ehen zwischen Protestanten und Katholiken eine seltene, von den Kirchen mit Sanktionen bekämpfte Ausnahme waren. Eine bunte und zunehmende Vielfalt von oft weniger miteinander verbundenen Parallelgesellschaften oder Lebenswelten ist nach seiner Analyse für moderne Gesellschaften geradezu charakteristisch.

Es ist zudem naiv anzunehmen, man könne Integration per Gesetz verordnen. Noch vor der Sommerpause wurde 2016 – natürlich wieder einmal im Eilverfahren – ein Integrationsgesetz verabschiedet, das aber im Kern einen Etikettenschwindel darstellt. In Wirklichkeit schreibt das Werk bestehende Gesetze fort oder ändert sie nur. So klammert es beispielsweise – weil ein Bundesgesetz – den wichtigen Teil der schulischen Integration aus. Auf Länderebene bestehen bereits verschiedene Integrationsgesetze, die aber offensichtlich nicht herangezogen wurden. Die Chance, dass Bund und Länder gemeinsam ein Integrationsgesetz auf den Weg bringen, das seinen Namen verdient, wurde vertan. Dringend sollte hier nachgebessert werden. Die Schulen brauchen eine verlässliche, vorausschauende Bildungs- und Integrationspolitik, um die Herausforderung nicht nur durch die Flüchtlingszuwanderung der letzten Zeit bewältigen zu können.

Wie wenig klar und berechenbar die Integrationspolitik gerade auch im Hinblick auf die Flüchtlinge, die in den letzten Jahren gekommen sind, ist, zeigt das «Arbeitsmarktprogramm Flüchtlingsintegrationsmaßnahmen (FIM)». Dadurch sollten 100 000 Geflüchtete ab dem 1. August 2016 dazu verpflichtet werden, gemeinnützige Aufgaben in den Unterkünften oder außerhalb etwa bei der Pflege von Grünanlagen anzunehmen. Sie erhalten eine Aufwandsentschädigung von 80 Cent pro Stunde, ähnlich den Ein-Euro-Jobs für Hartz-IV-Empfänger. Wer sich weigert, an solchen Maßnahmen teilzunehmen, muss mit Sanktionen wie Leistungskürzungen rechnen. Sang- und klanglos wurde das ambitionierte Programm aber schon im April 2017 eingedampft und mit nur noch 60 Millionen Euro pro Jahr gefördert. 25 000 Plätze hatten Länder und Kommunen beantragt, davon wurden 21 000 bewilligt. Wie viele Asylbewerber wirklich einen Job nach dem Programm begonnen hatten, war dem federführenden Bundesarbeitsministerium nicht bekannt, weil es dazu keine zentralen Daten gibt. Das Ministerium teilte mit, dass von 2018 an 240 Millionen Euro aus dem Programm «zur Verstärkung des Verwaltungskostenbudgets» der Jobcenter eingesetzt werden. So wurde eine Idee, die man sich so schön ausgedacht und der Öffentlichkeit als kommenden Erfolgsschlager vorgestellt hatte, um die

Flüchtlinge an den Arbeitsmarkt heranzuführen, in Nullkommanichts zu Grabe getragen.

Legenden gibt es aber auch bei den Zahlen. In Bezug auf Zuwanderung, Flüchtlinge und Ausländer allgemein wird gerne hemmungslos übertrieben. Dabei sind selbst die offiziellen Angaben widersprüchlich. So wurde im Sommer 2017 eine Rekordzahl von über zehn Millionen Ausländer in Deutschland genannt. In Wirklichkeit sind es aber um einiges weniger. Denn kaum zu glauben, aber wahr: Selbst nach den offiziellen Zahlen des Statistischen Bundesamtes gibt es drei verschiedene Angaben über die ausländische Wohnbevölkerung zum 31. Dezember 2015: 9,11 Millionen nach dem Ausländerzentralregister, 8,65 Millionen nach der Bevölkerungsfortschreibung und 7,8 Millionen, die vom Bundesamt im Zusammenhang mit dem Migrationshintergrund genannt werden. Immerhin schwanken die Zahlen um 1,3 Millionen, was erhebliche Folgen für die öffentliche Diskussion oder auch die Integrationspolitik hat. Dies liegt einmal an den unterschiedlichen Berechnungsarten, keineswegs an Fehlern der Statistiker, die wichtiges Zahlenmaterial liefern. Die Zahlen variieren übrigens nicht erst seit der «Flüchtlingskrise», die weitere Unsicherheiten in die Statistik gebracht hat. Flüchtlinge werden dem Ausländerzentralregister gemeldet, wenn sie erfasst wurden und sind dann in der Statistik enthalten. Aufgrund der teilweise chaotischen Zustände und der Überforderung der Behörden wurden aber nicht alle Flüchtlinge zeitnah registriert. Wie viele Flüchtlinge jetzt erst einmal hierbleiben werden, weiß niemand. Mehrfach musste das Bundesinnenministerium die offiziellen Zahlen nach unten korrigieren. Der Grund: Mehrfachmeldungen und die Tatsache, dass die späteren Weiter- oder Rückreisen nicht berücksichtigt worden waren.

Die Zahlen relativieren sich, wenn man auf die Einwanderungsgeschichte zurückschaut. Nach dem Zweiten Weltkrieg flüchteten rund 12,5 Millionen deutsche Heimatvertriebene in die Bundesrepublik. Von 1955 bis 1973 sind rund 14 Millionen «Gastarbeiter» ins Land geholt worden, von denen etwa 11 Millionen wieder in die Heimat zurückgekehrt sind. 5 Millionen Spätaussiedler, vor allem sogenannte «Russlanddeutsche» fanden eine neue Heimat an Rhein und Ruhr. Anfang der 1990er Jahre hatten sich bereits rund eine halbe Million Asylanträge angestaut. Aber anstatt auf all diesen Erfahrungen mit Zuwanderung aufzubauen, das Thema aus der historischen Erfahrung heraus mit Ruhe und Gelassenheit anzugehen, verfällt die Migrationspolitik bei jeder neuen «Einwanderungswelle» in Panik und versucht mit allen Mitteln die Zahlen einzudämmen. Einwanderung bei allen Problemen auch als Gewinn und Chance für das Land zu sehen, davon sind wir immer noch Lichtjahre entfernt. Dabei leben bereits 18,6 Millionen Menschen mit Migrationshintergrund in Deutschland, d.h. sie selbst oder zumindest ein Elternteil ist eingewandert, das entspricht 22,5 Prozent der Bevölkerung. In den Jahren 2015/16 entstand der fatale Eindruck, als würde Deutschland von 890000 Flüchtlingen «überrannt», als seien die Grenzen für weitere «Millionen» unkontrolliert offen. Hier nicht durch Daten und Fakten, eine breite Öffentlichkeitsarbeit und offene Diskussionen entgegengewirkt zu haben, war ein entscheidender Fehler der Bundesregierung unter Angela Merkel.

Ein weiterer Mythos ist die «Einwanderung in die Sozialsysteme». Die Unterstellung ist so alt wie die Ausländerbeschäftigung. Ganz im Sinne der Tradition von Franz Josef Strauß donnerte Bayerns Ministerpräsident und CSU-Parteichef Horst Seehofer beim politischen Aschermittwoch seiner Partei 2011: «Wir werden uns gegen Zuwanderung in deutsche Sozialsysteme wehren – bis zur letzten Patrone.» Bei der Osterweiterung der EU wurden massive Befürchtungen laut, dass beispielsweise aus Polen eine bedrohliche Einwanderung in die Sozialsysteme erfolgen würde. Darüber ist es bald still geworden und heute sind viele froh, wenn eine Polin die Oma pflegt oder die Wohnung putzt. Ängste können auch verfliegen, wenn sich die Fakten zu Wort melden. So bestätigte die Deutsche Rentenversicherung 2017, dass die Gruppe der Rentenbeitragszahler mit ausländischem Pass zwischen 2008 und 2015 um 1,7 Millionen oder 53 Prozent angestiegen ist. Die Zahl der Beitragszahler aus den EU-Mitgliedstaaten verdoppelte sich sogar von einer auf zwei Millionen. Nach Angaben des Spitzenverbands der gesetzlichen Krankenkassen hat sich die finanzielle Situation seiner Mitglieder durch Zuwanderer verbessert. Die Zahl der Beitragszahler ist durch Arbeitsmigranten aus EU-Staaten wie Portugal oder Spanien, aber auch durch anerkannte Asylbewerber stark angestiegen. Die Kassen profitieren gleich doppelt von den jungen Leuten mit ausländischem Pass: Zum einen zahlen sie Beiträge, zum anderen sind sie auch weniger krank als ihre deutschen Altersgenossen, so der Spitzenverband. Einwanderer stärken so die Sozialsysteme.

Zu den zahlreichen weiteren Mythen und Legenden, die in der Migrationspolitik verbreitet werden, gehört der seit Jahrzehnten immer wieder erhobene Vorwurf, es gebe zu wenig Abschiebungen. In Wirklichkeit wurde das Ausweisungsrecht immer weiter verschärft, gerade auch in der aktuellen «Flüchtlingskrise», und die vorhandenen Möglichkeiten genutzt, etwa mit dem Gesetz zur besseren Durchsetzung der Ausreisepflicht. Das «Vollzugsdefizit» ist nicht auf die Zurückhaltung der Behörden zurückzuführen, sondern liegt oft in der Situation im Herkunftsland oder bei gesundheitlichen Gründen. Oft nehmen die Herkunftsländer die Flüchtlinge nicht zurück oder sie können nicht abgeschoben werden, weil die Reisedokumente fehlen. Wenn der Asylantrag abgelehnt wurde, muss der Flüchtling noch lange nicht abgeschoben werden. Über 80 Prozent der abgelehnten Asylbewerber haben in der Vergangenheit einen legalen Aufenthaltsstatus erhalten. Viele reisen auch freiwillig aus. Die Zahl der Abschiebungen steigt, so wurden 2016 so viele Menschen abgeschoben wie seit zehn Jahren nicht mehr: 25 000 Abschiebungen und 55 000 freiwillige Ausreisen. Das «Vollzugsdefizit» ist reine Propaganda. So waren zum 30. Septemer 2017 rund 230 000 Personen ausreisepflichtig. Davon hatten rund 70 Prozent eine Duldung, d.h. ihre Abschiebung wurde aus guten Gründen ausgesetzt. Trotz aller Verschärfungen in der Ausweisungspolitik ist die Zahl der «Rückführungen» 2017 wieder um rund 2000 zurückgegangen, was zeigt, wie begrenzt die Möglichkeiten sind.

Im Herbst 2017 verbreitete die «Bild-Zeitung» in diesem Zusammenhang eine klassische Falschmeldung. 30 000 abgelehnte Asylbewerber seien spurlos verschwunden, so die Titelgeschichte am 2. November. «Neuer, unfassbarer Behörden-Skandal», lautete die Schlagzeile. Die Verfasser hatten die Zahl der ausreisepflichtigen Empfänger von Leistungen nach dem Asylbewerberleistungsgesetz (23 617) von der Zahl der ausreisepflichtigen Ausländer (54 437) abgezogen und kamen so auf die 30 000. Ein Trugschluss. Denn nicht alle Ausreisepflichtigen beziehen Asylleistungen. Unter ihnen gibt es zum Beispiel viele Ausländer, die nie einen Asylantrag gestellt haben, beispielsweise Personen, die mit einem Touristenvisum eingereist sind und nach Ablauf der Frist nicht mehr das Land verließen. Das Bundesinnenministerium bestätigte, dass es sich bei nur 49 Prozent der als ausreisepflichtig registrierten Ausländer um solche handelt, deren Asylantrag abgelehnt wurde. Die korrekte Berechnung sieht also so aus: 26 674 Schutzsuchende minus 23 617 Menschen, die Leistungen bekommen haben. Das ergibt 3057 Asylbewerber und nicht 30 000, von denen anzunehmen ist, dass sie untergetaucht sind. Nach

Recherchen des Deutschlandfunks könnten es sogar noch weniger sein. Mehr als halbherzig gab «Bild» am 4. November zu, «nicht korrekt formuliert» zu haben. Die Zeitungsente hatte aber längst im Internet eine starke Verbreitung gefunden und rechtsradikaler Hetze Munition geliefert.

Einwanderungsland Deutschland?

Die Forderung nach «Grenzen» hat in der Migrations- und Flüchtlingspolitik eine lange Tradition. Der Innenminister der rot-grünen Bundesregierung, Otto Schily (SPD), sagte 1999: «Die Grenzen der Belastbarkeit durch Zuwanderung sind überschritten», also wortwörtlich dasselbe wie Bundeskanzler Kohl 1992. Oskar Lafontaine (damals SPD) sprach im Wahlkampf davon, dass es «zu viele Aussiedler» gebe. Als Vorsitzender der Linksfraktion im saarländischen Landtag machte er 2017 wieder von sich reden, als er die Haltung seiner Partei zur Flüchtlingsfrage kritisierte, unter anderem damit, dass man die Lasten der Zuwanderung nicht Arbeitslosen und Geringverdienern aufbürden dürfe, deren Kinder in Schulen mit wachsendem Anteil von Schülern mit mangelnden Sprachkenntnissen gingen. Seine Frau und Fraktionschefin der Linken im Bundestag, Sahra Wagenknecht, machte sich bei ihrer Partei unbeliebt, weil sie Sätze wie «Nicht alle Verarmten und Verelendeten der Welt könnten zu uns kommen», verbreitete, eine Binsenweisheit, die aber immer wieder von Politikern der verschiedensten Parteien in eine oft aufgeheizte Debatte geworfen werden. Ob bewusst oder unbewusst wurden durch Populismus nicht nur in Wahlkämpfen Vorurteile und Fremdenfeindlichkeit geschürt und «Ausländerwahlkämpfe» zum Machterwerb und Machterhalt eingesetzt. Kurz vor den Landtagswahlen 2017 in Niedersachsen kramte Ministerpräsident Stephan Weil (SPD) die Idee einer «Zuzugsbremse» wieder aus der Mottenkiste der Migrationspolitik hervor: Die Stadt Salzgitter, die seit Langem überfordert war und vergeblich Hilfe von der Landesregierung verlangt hatte, erließ eine Zuzugsbeschränkung für Asylbewerber. Weil, der mit den Grünen regierte, sagte: «Die Stadt braucht eine Atempause.» In Salzgitter mit 106 000 Einwohnern lebten 5700 Flüchtlinge. Zur gleichen Zeit stieg beispielsweise die Zahl der Flüchtlinge in Bangladesch, eines der ärmsten Länder der Welt, in der Küstenstadt Cox Bazar durch die Ausschreitungen in Myanmar noch einmal drastisch an. Diese Stadt hat 61 000 Einwohner. Dort lebten bereits 32 000 dokumentierte und bis zu einer halben Million nicht dokumentierte Flüchtlinge. UN-Generalsekretär Antonio Guterres warnte vor einer humanitären Katastrophe, denn insgesamt hatten innerhalb weniger Tage 400 000 Menschen im Nachbarland Schutz gesucht, wobei sich das Elend in den Camps auch angesichts des Monsunregens immer weiter vergrößerte.

Die Politisierung der Ausländer- und Flüchtlingspolitik und die Vermischung beider Bereiche, die in den 1970er Jahren begonnen hatte, setzt sich bis in die heutige Zeit fort. Besonders in der parteipolitischen Auseinandersetzung in Wahlkämpfen spielte das Thema eine fragwürdige Rolle. So stritt man sich jahrelang um die Herabsetzung des Nachzugsalters für Ausländerkinder, obwohl es nach den Angaben der zuständigen Ministerien praktisch kein Nachzugspotential in diesem Bereich mehr gab. Roland Koch (CDU) setzte seine Kampagne gegen den sogenannten Doppelpass – die Möglichkeit für Kinder von Zuwanderern, unter gewissen Voraussetzungen zwei Pässe zu haben – ganz bewusst und erfolgreich im Landtagswahlkampf in Hessen ein. Kritische Gegenstimmen gerade in der Flüchtlingspolitik fanden kein Gehör. Die CDU-Sozialausschüsse handelten sich sogar Ärger in der eigenen Partei ein, als sie aufzeigten, wie im Ausländer- und Flüchtlingsbereich immer wieder mit Zahlen Politik gemacht wurde. Sie stellten die Frage, ob die Zahl der Asylbewerber wirklich so «bedrohlich» sei, wie immer behauptet werde. Die Christlich Demokratische Arbeitnehmerschaft kritisierte Bundesinnenminister Friedrich Zimmermann (CSU) mit der Schlagzeile «Den Radikalismus herbeigerechnet» und machte den Minister für das Aufkommen der rechtsradikalen Republikaner verantwortlich. Die Sozialausschüsse warfen dem Minister vor, mit aufgeblasenen Zahlen die Bevölkerung geschockt und verunsichert zu haben.

Die Macht liegt in der Ausländer- und Flüchtlingspolitik eindeutig beim jeweiligen Bundesinnenminister, der quasi von Amts wegen auf Sicherheits- und Ordnungspolitik und damit auf Grenzsicherung gegen Einwanderung fixiert ist. Zementiert wird diese Sichtweise durch die Ministerialbürokratie, die sich freilich nach den politischen Vorgaben der Amtsführung richtet. Als im Jahre 1999 das Bekenntnis der rot-grünen Bundesregierung zum Einwanderungsland Deutschland erfolgte und das Staatsangehörigkeitsrecht, das noch aus dem Kaiserreich stammte, zu Grabe getragen wurde, fragte ich einmal den Entscheidungsträger aus dem Bundesinnenministerium, wie er mit diesem grundlegenden Kurswechsel umgehe. Die Antwort: Das sei kein Problem, es gebe genauso viele Argumente dafür, dass Deutschland kein Einwanderungsland sei wie dafür, dass es eines sei. Früher habe man alle Punkte zusammengetragen, die dagegensprechen würden, heute trage man eben alles zusammen, was dafürspreche.

Gegen das Bundesinnenministerium hatten die Ausländerbeauftragten der Bundesregierung keine Chance, auch wenn sie immer wieder ihre Stimmen gegen eine restriktive Ausländer- und Flüchtlingspolitik erhoben. Die Machtlosigkeit des Amtes führte schließlich dazu, dass Liselotte Funcke (FDP) am 15. Juli 1991 zurücktrat. In einem Brief an den Bundeskanzler, bei dem sie kein Gehör fand, schrieb die engagierte Ausländerbeauftragte: «Die ausländische Arbeitnehmerbevölkerung sieht sich einer wachsenden Abwehr in der deutschen Bevölkerung und sogar tätlichen Angriffen ausgesetzt, ohne dass von politischer Seite ihre Anwesenheit begründet und ihre erwiesenen Leistungen gewertet werden. Ermutigungen zur Integration sind kaum erkennbar, eben so wenig wirksame Maßnahmen und ausreichender Schutz gegen fremdenfeindliche Jugendbanden. Die deutsche Bevölkerung ist zunehmend verunsichert angesichts einer ständigen ungeregelten Zuwanderung, für deren Bewältigung sie kein politisches Konzept erkennen kann. Die sich daraus ergebenden Ängste schlagen sich – wie aus meinem Briefeingang hervorgeht – nicht selten in mehr oder weniger heftigen Beschuldigungen gegen die Ausländer nieder und belasten damit die Stimmung auf beiden Seiten. Die Gefahr einer Eskalation ist nicht von der Hand zu weisen.» Es sei «zu befürchten, dass die zunehmende Beunruhigung in der deutschen und die Enttäuschungen in der ausländischen Bevölkerung zu Entwicklungen führen, die immer schwerer beherrschbar werden. Die wachsende Fremdenfeindlichkeit in den fünf neuen Bundesländern ist ein Alarmsignal.» Der spektakuläre Rücktritt blieb aber ohne Folgen in der Ausländerpolitik, obwohl sich die Probleme weiter verschärften. In der Tat hatte eine Untersuchung im Auftrag des Bundesarbeitsministeriums bereits 1990 – ähnlich wie eine «Sinus-Studie» zehn Jahre zuvor – alarmierende Daten geliefert, was die zunehmende Fremdenfeindlichkeit in Deutschland anging.

Gewalt gegen Flüchtlinge und andere Ausländer ist nicht erst seit dem Anstieg der Asylbewerberzahlen in den letzten Jahren zu verzeichnen, sondern hat leider eine lange und unsägliche Tradition in Deutschland. So stellte sich beispielsweise heraus, dass Türken diejenigen Ausländer waren, die am meisten von den früheren DDR-Bürgern abgelehnt wurden und das, obwohl die neuen Bundesbürger bis dahin praktisch keinen persönlichen Kontakt mit Türken gehabt hatten. Die Untersuchung vermutet, dass westdeutsche Stereotype rasch von der Bevölkerung der ehemaligen DDR übernommen wurden. Dabei sei nicht auszuschließen, dass auch die Massenmedien zu diesem negativen Bild beigetragen hätten. Die festgestellte Ausländerfeindlichkeit stand im Gegensatz zur recht geringen Bedeutung des Ausländeranteils an der Bevölkerung. In der damaligen DDR lebten etwa 190 000 Ausländer, was einem Bevölkerungsanteil von rund einem Prozent entsprach. Die bereits frühzeitig sichtbare, erhebliche Ausländerfeindlichkeit in den neuen Bundesländern führte allerdings ähnlich wie 1980 nicht zu Aufklärungsmaßnahmen, Aktionen in den Medien, in der Erwachsenenbildung oder in den Schulen. Kein Wunder, dass 2016 der Jahresbericht der Bundesregierung zur deutschen Einheit sehr deutlich anprangert, dass Fremdenfeindlichkeit, Rechtsextremismus und Intoleranz eine große Gefahr für die gesellschaftliche, aber auch die wirtschaftliche Entwicklung der neuen Länder darstellt. Wobei das nicht nur ein Problem Ostdeutschlands ist. Aber man hätte gewarnt sein können. Bereits 1998 wies die Ausländerbeauftragte des Berliner Senats, Barbara John (CDU), darauf hin, dass sich viele Ausländer in Berlin wegen der fremdenfeindlichen Übergriffe kaum noch ins Umland trauen würden. Später warnte sie Ausländer vor einem Besuch Ostberliner Randbezirke in den Abendstunden.

Zahllose, dramatisierende Warnungen vor den «Ausländerproblemen» und immer wiederkehrende Ankündigungen, diese durch restriktive Maßnahmen zu «lösen», standen im Mittelpunkt der 1980er Jahre. Die Realitäten eines Einwanderungslandes wurden geleugnet und somit kein Zuwanderungs- und Integrationskonzept entwickelt. So rächen sich noch heute die Fehler der Vergangenheit. Man lebte ein halbes Jahrhundert lang in der Lebenslüge «Wir sind kein Einwanderungsland!», und erst mit dem Zuwanderungsgesetz von 2004 – genauer im Amtsdeutsch «Gesetz zur Steuerung und Begrenzung der Zuwanderung und zur Regelung des Aufenthalts und der Integration von Unionsbürgern und Ausländern (Zuwanderungsgesetz)» – wurde dieser Weg verlassen. Seitdem wurden Integrationskurse vorgeschrieben. Gerade in den 1980er Jahren wurden die Chancen für eine vorausschauende Integrationspolitik vertan, obwohl die Konzepte dafür auf dem Tisch lagen. Die Integrationsprobleme, die immer wieder beklagt wurden und werden, sind selbstverschuldet.

Die Grenze der Belastbarkeit

In der Ausländerpolitik immer mehr unter den Druck der CDU/CSU-Opposition geraten, der von den unionsregierten Bundesländern noch verstärkt wurde, formulierte die von SPD und FDP getragene Bundesregierung selbst am 2. Dezember 1981 eine Begrenzungspolitik. Zur Begründung ihres Kurswechsels führte sie die Furcht vor sozialen und politischen Spannungen an, die den gesellschaftlichen Frieden in der Bundesrepublik gefährden könnten. In einem internen Kabinettspapier brachte die Bundesregierung zum Ausdruck, wie sehr sie über die Stimmung in der Bevölkerung beunruhigt war: Es «könnte auch die Schwelle erreicht werden, ab der das Unbehagen beträchtlicher Teile der deutschen Bevölkerung in offene Abwehrhaltung umschlägt.» Die CDU/CSU-Opposition bezeichnete die Beschlüsse der Bundesregierung erwartungsgemäß als unzureichend und forderte härtere Maßnahmen. In einem Entschließungsantrag im Bundestag stellte die Union fest, dass die Aufnahmemöglichkeiten der Bundesrepublik erschöpft seien und die Ausländerzahlen verringert werden müssten. Es drohten schon heute irreparable Schäden für das politische und soziale Umfeld, für Staat und Wirtschaft. Auch der Landtag von Nordrhein-Westfalen verabschiedete am 1. Februar 1982 einstimmig eine Entschließung, in der er feststellte, dass die Aufnahmefähigkeiten des Landes erschöpft seien. Der Landtag in Wiesbaden schloss sich dieser Meinung an. Wie fragwürdig diese Beschlüsse waren, zeigt die weitere Entwicklung in diesen Ländern. Danach ist die Zahl der Ausländer in Nordrhein-Westfalen von 1982 bis zum Jahr 2000 von 1,4 auf 1,9 Millionen angestiegen. Das entspricht einer Steigerung von 33 Prozent. In Hessen nahm die ausländische Wohnbevölkerung in diesem Zeitraum von 522 800 auf 707 800 zu. Dies ist eine Steigerung von 53 Prozent. Bundesweit lag der Anstieg sogar bei 64 Prozent, ohne dass offensichtlich die viel beschworene «Grenze der Belastbarkeit» erreicht worden wäre. Bislang hat auch noch niemand definieren können, wann nun eigentlich diese Grenze erreicht wird und nach welchen Kriterien man sie überhaupt festlegen kann. Die Zunahme der Ausländerzahlen erfolgte im Übrigen unter den geltenden ausländerpolitischen Bestimmungen und nicht etwa «illegal». Den Ausländern wurde aber erneut durch den Hinweis auf die vermeintlich zu hohen Zahlen signalisiert, sie seien unerwünscht und damit das Klima bereits in einer Zeit vergiftet, in der man die Weichen noch rechtzeitig hätte auf Integration stellen können.

Das Motto der Ausländerpolitik zu Beginn der 1980er Jahre «Rückkehrbereitschaft stärken» setzte sich auf breiter Front durch. Das neue Klima der ausländerpolitischen Diskussion artikulierte sich auch im sogenannten «Heidelberger Manifest» vom 17. Juni 1981, einer pseudowissenschaftlichen Unterfütterung der restriktiven Ausländerpolitik. Zahlreiche

Intellektuelle wandten sich darin gegen die – wie es hieß – «Unterwanderung des Deutschen Volkes durch Ausländer, gegen die Überfremdung unserer Sprache, unserer Kultur und unseres Volkstums». Immer wieder haben Intellektuelle und Politiker in der Bundesrepublik den Rechtsradikalen – ob gewollt oder ungewollt, spielt eigentlich keine Rolle – Argumente geliefert. So sagte sogar der Historiker Golo Mann, bekanntlich Spross einer berühmten deutschen Emigrantenfamilie, in einem Zeitungsinterview zum Thema Türken in Deutschland: «So recht wohl fühle ich mich dabei nicht. Und ich weiß nicht, wie andere Länder sich dabei fühlen. Mir wäre es lieber, sie blieben zuhause. Auf der anderen Seite ist es sicher gut für sie, wenn sie einen völlig anderen Kulturkreis gründlich kennenlernen. Wenn sie dann nach Hause zurückkehren und dort berichten, kann das einen Fortschritt in ihrem Land bedeuten. Aber: sie sollten zurückkehren.» Auf die Frage «kann Deutschland ein Einwanderungsland sein?» antwortete Mann: «Nein, das Boot ist voll.» Der SPD-Politiker Martin Neuffer bezeichnete die Türken als eine «im Ganzen wenig assimilationsfähige völkische Minderheit». Der bayerische Ministerpräsident Franz Josef Strauß meinte: «Es strömen die Tamilen zu Tausenden herein. Und wenn sich die Situation in Neukaledonien zuspitzt, dann werden wir bald die Kanaken im Land haben.» Strauß warnte vor einer «Wohlstandsasylepidemie». Der Berliner CDU-Fraktionschef Landowsky sprach in einem Interview von Ausländern, die «bettelnd, betrügend, ja auch messerstechend durch die Straßen ziehen, festgenommen werden und nur, weil sie das Wort ‹Asyl› rufen, dem Steuerzahler in einem siebenjährigen Verfahren auf der Tasche liegen». Rechtsradikale verübten bereits damals Anschläge auf Asylbewerbereinrichtungen und töteten dabei zwei Vietnamesen. Die NPD zog in den Bundeswahlkampf mit dem Slogan «Deutschland den Deutschen». In

Nordrhein-Westfalen sammelte eine Bürgerinitiative «Ausländer-Stopp» Unterschriften für ein Volksbegehren. In Baden-Württemberg zitierten ähnliche Initiativen in ihren Formblättern immer wieder Ministerpräsident Späth und andere Vertreter der Landesregierung mit ihren Warnungen vor der Gefahr einer «Ausländerüberflutung». Berlins Innensenator Lummer brachte seine Meinung seinerzeit auf den folgenden Punkt: «Wir haben ein Asylrecht, da kann die ganze Rote Armee kommen und der KGB dazu. Wenn die an unserer Grenze ‹Asyl› sagen, können wir sie nicht zurückschicken.»

Um der zunehmenden Ausländerfeindlichkeit entgegenzuwirken, traf sich am 22. Juni 1982 Bundeskanzler Helmut Schmidt (SPD) mit Repräsentanten aus Politik und Gesellschaft. Dennoch verschlechterte sich die Einstellung der deutschen Bevölkerung gegenüber Ausländern im Laufe des Jahres 1982 weiter. Umfragen belegten, dass zwei Drittel der Befragten eine Rückkehr der ausländischen Arbeitnehmer in ihre Heimat befürworteten. Im Jahr 1978 waren es nur 39 Prozent gewesen. Eine umfangreiche Untersuchung, die sogenannte «Sinus-Studie», hatte bereits ein erschreckendes Ausmaß von Ablehnung zu Tage gefördert. Die Analyse, die von der Bundesregierung in Auftrag gegeben worden war, erregte Aufsehen wie selten zuvor eine sozialwissenschaftliche Erhebung. Sie hatte folgende Ergebnisse: 14 Prozent der Wähler (5 Millionen Deutsche) sagten: «Wir sollten wieder einen Führer haben». 16 Prozent: «Parteien und Gewerkschaften schaden dem Allgemeinwohl». 18 Prozent «Unter Hitler hatte es Deutschland eigentlich besser». Auch wenn die Untersuchung umstritten war und die Bundesregierung zunächst versuchte, sie unter Verschluss zu halten, so zeigte sie schon frühzeitig, dass in Deutschland ein rechtsextremes Wählerpotential von etwa 10 Prozent vorhanden war.

Kurz vor der Übernahme der Kanzlerschaft hatte Helmut

Kohl (CDU) gesagt: «Die Zahl der türkischen Mitbürger muss vermindert werden.» Die Tatsache, dass das Ausländerthema vor dem Machtwechsel zwei Jahre lang von der CDU/CSU thematisiert und zur Unterminierung des politischen Gegners eingesetzt worden war, hat dazu beigetragen, dass die damalige Bundesregierung, vor allem die SPD, ins Wanken geriet. Das belegen Meinungsumfragen, wonach das «Ausländerthema» 1983 von einer Mehrheit als «besonders wichtig» eingestuft wurde, ähnlich wie es mit dem «Flüchtlingsproblem» in den Jahren 2015/16 der Fall war. Nach dem Regierungswechsel Anfang der 1980er Jahre stellten die Demoskopen einen deutlichen Abfall in der Besorgtheit fest. Der Union traute man offensichtlich eher eine «Lösung der Ausländerfrage», eine «härtere Gangart in der Ausländerpolitik» zu. Für viele Wähler schien das «Ausländerproblem» mit dem Regierungswechsel und den Maßnahmen, die angekündigt wurden, vorerst gelöst zu sein, obwohl die viel kritisierten Probleme des «Ausländerzuzugs» keineswegs vom Tisch waren. Nach dem Wechsel zur CDU/CSU/FDP-Koalition nahm die Ausländerpolitik bereits in den Koalitionsvereinbarungen von 1982 einen breiten Raum ein. In seiner Regierungserklärung am 13. Oktober 1982 nannte Bundeskanzler Kohl die Ausländerpolitik sogar als einen der vier Schwerpunkte seines «Dringlichkeits-Programms», gleichberechtigt mit Wirtschafts- und Außenpolitik, ein einmaliger Vorgang in der deutschen Nachkriegspolitik. In den Koalitionsverhandlungen mit der FDP schlug die CDU/CSU «eine Politik zur Verringerung der Zahl in der Bundesrepublik lebenden Ausländer von heute 4,6 Millionen auf 2 bis 3 Millionen im Jahr 1990» vor. Die Realität sah jedoch anders aus: In den 16 Jahren der Regierung Kohl von 1982 bis 1998 nahm die Zahl der Ausländer von 4,6 Millionen auf 7,3 Millionen zu. Das entspricht einer Steigerung von 63 Prozent. Für Ausländer, von denen eine Entscheidung über Verbleib oder Rückkehr verlangt wurde, erleichterten das jahrelange Hin und Her sowie die «Verringerungspläne» aber sicherlich nicht die Lebensplanung und stärkten nicht die Bereitschaft, sich in Deutschland zu integrieren. Trotz zahlloser Versprechungen, man würde das «Ausländerproblem» lösen, stiegen die Zahlen immer weiter an, weltweit verzeichnete Deutschland die höchsten Einwanderungszahlen vor den klassischen Einwanderungsländern wie USA und Kanada. Das Stimmungsbild in der Bevölkerung musste sich angesichts dieser Widersprüche geradezu zwangsläufig verschlechtern.

Die fremdenfeindlichen Straftaten und die Gewalt gegen Flüchtlinge, die seit 2015 stark angestiegen sind und beklagt werden, sind wirklich nicht neu. Mit Beginn der 1990er Jahre breitete sich sogar so etwas wie eine Pogromstimmung mit gewalttätigen Ausschreitungen aus: nicht nur in Hoyerswerda, Mölln oder in Solingen, wo am 29. Mai 1993 fünf Türken, drei Kinder und zwei Erwachsene, verbrannten, nachdem ihnen das Haus über dem Kopf angezündet worden war. Der Verfassungsschutz Nordrhein-Westfalen stellte in seinem Jahresbericht 1993 fest: «Mit dem Brandanschlag von Solingen ließ sich das Ausmaß von latenter Fremdenfeindlichkeit und alltäglichem Rechtsextremismus nicht länger relativieren. Seit Solingen ist klargeworden, dass es jederzeit und an jedem Ort zu derartigen Ausbrüchen kommen kann. Die Auswirkungen für die Betroffenen, für das friedliche Zusammenleben in Deutschland und in der internationalen Völkergemeinschaft sind unabsehbar.»

In Rostock-Lichtenhagen stürmten Jugendliche im August 1992 ein Asylbewerberheim, nach mehrtägigen Straßenschlachten und Krawallen mit einer überforderten Polizei. Die Bilder der Beifall klatschenden Menge gingen um die Welt. Wie durch ein Wunder kamen die Vietnamesen, der

Ausländerbeauftragte der Stadt Rostock und ein Kamerateam des ZDF, die sich im Heim aufhielten, nicht ums Leben. Es ist eigentlich ein Justizskandal, dass ein Prozess gegen die mutmaßlichen Täter erst neun Jahre später, im November 2001, eröffnet und das Verfahren gegen einen Beschuldigten wegen Verjährung eingestellt wurde. Vor allem die jubelnde Menge, die tagelang vor dem Wohnheim Beifall klatschte, dürfte sich so im Nachhinein eher noch bestätigt gefühlt haben. Bundesweit wurden allein im Jahre 1991 nach Angaben des Bundesinnenministeriums 2351 ausländerfeindlich motivierte Gewalttaten begangen. Nach einer Befragung aus dem Jahr 1993 bezeichneten fast die Hälfte der Ausländer aus den ehemaligen Anwerbestaaten «das ausländerfeindliche Klima» in Deutschland als «ihr größtes Problem»; von den Türken fühlten sich sogar 65 Prozent «in Deutschland bedroht». Am 25. Jahrestag des Pogroms von Rostock am 22. August 2017 lagen folgende Zahlen des Bundeskriminalamts vor: Im ersten Halbjahr 2017 hat es insgesamt 153 Delikte gegen Asylunterkünfte und 787 Delikte direkt gegen Asylsuchende außerhalb ihrer Unterkünfte gegeben. Das entspricht über fünf rechts motivierten Straftaten gegen Flüchtlinge oder deren Unterkünfte pro Tag, ein trauriger Rekord und eine Schande für Deutschland.

Realitätsverweigerung

Sich gegenüber Einwanderung abzuschotten und Flüchtlinge abzublocken, hat in Deutschland also Tradition. Unter dem Motto «Alles schon mal dagewesen» wiederholen sich die Debatten um Asylbewerber und Arbeitsmigranten. Ein Zitat bringt es auf den Nenner: «Kaum ein Bereich der politischen Kultur in Deutschland ist so von Ressentiments und Vorurteilen, von Emotionalität und Engstirnigkeit geprägt wie die

Zuwanderungspolitik – und zwar quer durch alle politischen Lager und Parteien. Im Umgang mit dem Problem des Ausländerzuzugs lässt sich deswegen mit (un-)schöner Regelmäßigkeit eine Grundregel des politischen Betriebes beobachten: Je weiter die Fakten- und Interessenslage vom politischen Wunschdenken entfernt, desto höher die Neigung zu Scheindebatten mit hohem Symbol- und Unterhaltungswert. Nur so ist erklärbar, dass sich semantische Streitfälle wie z. B. die Verwendung der Begrifflichkeiten ‹Leitkultur› oder ‹(Nicht-)Einwanderungsland› zu politischen Eiertänzen ohne jeden Erkenntnisgewinn, geschweige denn brauchbare Lösungsansätze aufbauen.» Dem, was Peter Müller, der frühere Ministerpräsident des Saarlandes und Vorsitzender der Zuwanderungskommission der CDU, heute Richter am Bundesverfassungsgericht, im Frühjahr 2001 geschrieben hat, ist eigentlich nicht viel hinzuzufügen. Außer, dass diese Erkenntnis genauso für die Asylpolitik zutrifft. Alles in allem wiederholen sich die Diskussionen und Fehler der Vergangenheit, dazugelernt wurde herzlich wenig.

Schon in der «Gastarbeiterzeit» war im Grunde klar, dass die ausländischen Arbeitskräfte und ihre Familien auf Dauer hierbleiben würden und dass Deutschland damit zum Einwanderungsland geworden war. Die Absurdität des jahrzehntelangen Streits um den Begriff «Einwanderungsland» macht ein Zitat von Edmund Stoiber aus dem Jahre 1993 deutlich, als er bayerischer Innenminister war: «Zu uns kommen jährlich etwa 300000 ausländische Mitbürgerinnen und Mitbürger, insbesondere türkische Staatsbürger, die legal zu Verwandten nach Deutschland ziehen. Dazu haben wir rund 80000 ausländische Kinder, die hier geboren werden, sowie etwa 230000 Aussiedler. Wenn Sie jetzt noch die Asylbewerber hinzunehmen, dann kommen wir zu einer ganz erheblichen Zuwanderung, die aber nichts mit Einwanderung zu tun hat.»

Den Begriff «Einwanderer» vermied auch Erwin Marschewski von der CDU 2001 in der Bundestagsdebatte um das Zuwanderungsgesetz tunlichst: «Es ist uns nämlich nur zu gut bekannt, dass aus Gastarbeitern, die helfen sollten, vorübergehende Engpässe auf dem Arbeitsmarkt zu überwinden, Millionen Daueranwesende … geworden sind.» Und Bundeskanzlerin Merkel antwortete noch 2010 auf die Frage, ob Deutschland ein Einwanderungsland sei: «Eigentlich war es das nur zwischen den 1950er Jahren und 1973.»

Migrationspolitik war und ist immer wieder ein Spielball im Parteienstreit. Es geht weniger um die «Lösung» von Integrationsproblemen oder gar um die Einwanderer selbst als um Machterwerb und Machterhalt. Auch die mit dem Regierungswechsel zu Rot-Grün verbundene Hoffnung auf eine gezielte Einwanderungspolitik wurde enttäuscht. Die überaus deutliche Ablehnung weiterer Zuwanderung durch Bundesinnenminister Schily (SPD) stieß auf Kritik, besonders seine erwähnte Äußerung, die «Grenze der Belastbarkeit» durch Zuwanderung sei bereits überschritten. Ein Einwanderungsgesetz lehnte der neue Bundesinnenminister ebenfalls ab und stellte sich damit in Widerspruch zu den Ankündigungen der neuen Regierung für eine moderne Migrationspolitik. Auf Kritik stießen auch Äußerungen von Schily, wonach die Zuwanderung Deutschland zu stark belaste und das Asylrecht überprüft werden müsse, weil nur drei Prozent der jährlich ins Land kommenden Flüchtlinge «asylwürdig» seien. Bei den übrigen handle es sich um «Wirtschaftsflüchtlinge». Schily hatte allem Anschein nach in der Bundesregierung den Part übernommen, konservative Wähler bei der Ausländerpolitik anzusprechen. Dass er damit Rechtsradikalen wie der Schill-Partei in Hamburg, die ihn zitierte, Munition lieferte, spielte offenbar keine Rolle.

Die Bundesregierung rückte schließlich von ihren Plänen

ab, im Rahmen der geplanten Einbürgerungserleichterungen generell doppelte Staatsangehörigkeiten in Kauf zu nehmen. Die Unterschriftenkampagne der CDU/CSU gegen diesen sogenannten «Doppelpass» und der unter anderem damit erzielte Wahlerfolg in Hessen am 7. Februar 1999 hatten maßgeblich zu diesem Rückzieher geführt. Der frühere Bundespräsident Richard von Weizsäcker beurteilte im Nachhinein die Kampagne seiner Partei sehr kritisch: «Letzten Endes aber verkam der Streit zur reinen populistischen, vorsätzlich hoch emotionalisierten Oberfläche, erfolgreich auf Straßen und in Wahlkabinen, jedoch ohne ernsthafte Auseinandersetzung in der Sache. Da war kein demokratischer Charme im Spiel.» Wieder einmal mussten sich Ausländer als unerwünscht fühlen. Wie man den Gesprächen an den Unterschriftentischen vor allem in Hessen entnehmen konnte, wussten die wenigsten, unter was sie da ihren Namen setzten. Immer wieder war zu hören: «Wo kann ich hier gegen Ausländer unterschreiben?» CSU-Chef Stoiber hatte in diesem Zusammenhang davor gewarnt, dass im Rahmen der geplanten Gesetzesreform mehrere 100 000 Familienangehörige nach Deutschland ziehen würden. Außerdem sah er ein «massives Gewaltpotential» voraus. Stoiber sprach sogar davon, dass die neuen Gesetze Risiken mit sich bringen würden, die denen aus der RAF-Zeit vergleichbar seien. Die Vermischung oder gar Gleichsetzung von Einwanderung und Terrorismus, die in den letzten Jahren verstärkt zu beobachten ist, geht also ebenfalls weit zurück. So befürchtete bereits 1974 der Wehrexperte der CSU, der Bundestagsabgeordnete Franz Handlos, dass die jugoslawischen Arbeitnehmer in der Bundesrepublik bei einer ernsthaften Krise in ihrer Heimat zu einem Sicherheitsrisiko für die Verteidigung der Bundesrepublik werden könnten. Bekanntlich ist Jugoslawien in den schlimmsten Bürgerkriegen, die man sich nur denken konnte, auseinandergebrochen.

Mord und Totschlag wurden aber nicht – wie an die Wand gemalt – in Deutschland ausgetragen, obwohl über eine Million Bürger aus dem früheren Jugoslawen bei uns leben.

Im Wettlauf um ein Zuwanderungsgesetz setzten alle Parteien in den Jahren 2000/2001 entsprechende Kommissionen ein, die bekannteste war die nach ihrer Vorsitzenden benannte «Süssmuth-Kommission», die von der früheren Bundestagspräsidentin und Bundesfamilienministerin Rita Süssmuth (CDU) geleitet wurde. In ihrem Bericht schlug die Kommission vor, zur Überbrückung akuter Engpässe auf dem Arbeitsmarkt einem Kontingent von 20000 Personen eine befristete Zuwanderung zu ermöglichen. Der Vorsitzende der CDU-Zuwanderungskommission Peter Müller malte Horrorzahlen an die Wand und rechnete mit bis zu 900000 Zuwanderern pro Jahr, falls die Pläne der Süssmuth-Kommission umgesetzt werden sollten. In einem Schreiben an alle CDU/CSU-Bundestagsabgeordneten nannte der stellvertretende Fraktionsvorsitzende Wolfgang Bosbach Gründe für die Ablehnung. Der Entwurf brächte keine «Zuwanderungsbegrenzung».

Die Chance für eine All-Parteien-Koalition, die sich zunächst abgezeichnet hatte, war längst vertan worden und damit auch die Möglichkeit, ein modernes Einwanderungsgesetz auf den Weg zu bringen. Aus dem Wettlauf um eine moderne Zuwanderungs- und Integrationspolitik war längst ein Wettrennen um die Begrenzung der Zuwanderung geworden, ähnlich wie es 1981 schon der Fall gewesen war. Ein monatelanger Hickhack um alle möglichen Bestimmungen und viele Details, hektische Überarbeitungen, ein Kompromissangebot an die Union, zehn Minuten vor Mitternacht in Form einer 58-seitigen E-Mail, Eilverfahren, nächtelange Gespräche warfen (wieder einmal) ein bezeichnendes Licht auf das Gesetzgebungsverfahren in diesem für das Land so wichtigen Politikbereich. Ein 62-seitiges Papier behob «Redaktionsversehen», wie es im Text heißt und belegt, wie sehr das Reformwerk mit heißer Nadel gestrickt worden war. Der Termin für die am 1. März 2002 geplante 2. und 3. Lesung des Zuwanderungsgesetzes drohte daher zu platzen. Laut Geschäftsordnung des Bundestages müssen den Abgeordneten die Unterlagen zwei Tage vorher vorliegen. Spätestens um 24.00 Uhr in der Nacht von Mittwoch auf Donnerstag hätten sie deshalb verteilt sein müssen. Die letzten Parlamentarier erhielten den 160 Seiten starken Gesetzentwurf aber erst um 0.41 Uhr. Die Opposition verzichtete jedoch darauf, die Zuwanderungsdebatte wegen dieser Fristverletzung zu verschieben, stimmte aber gegen die Vorlage, die vom Bundestag mit den Stimmen der Regierungsparteien schließlich verabschiedet wurde.

Das Zuwanderungsgesetz, das schließlich 2005 in Kraft trat, blieb Stückwerk und verdient den Namen nicht, den es trägt. Eines der größten Reformwerke in der Nachkriegsgeschichte wurde im Parteienstreit zerrieben und im «Schweinsgalopp» verabschiedet. Die Möglichkeit, ein Einwanderungsgesetz, das seinen Namen verdient, aufgrund einer breiten Debatte im Parlament und in der Öffentlichkeit in aller Ruhe auf den Weg zu bringen, wurde erneut verschenkt. Allein schon die angestrebte Vereinfachung der Bestimmungen, die selbst für Juristen fast nicht mehr zu durchschauen waren, blieb auf der Strecke. Eigentlich sollte es nur noch eine befristete und eine unbefristete Aufenthaltserlaubnis geben. Inzwischen bestehen fast 100 Bestimmungen, die bis ins kleinste Detail den Aufenthalt von Ausländern regeln. Allein die Verwaltungsvorschriften zum Aufenthaltsgesetz füllten 390 Seiten. De facto ermöglichte das Zuwanderungsgesetz nur denjenigen hochqualifizierten Kreisen die Einwanderung, denen sie auch schon unter der vorher bestehenden Gesetzlage möglich war. Auf Druck der Union wurden im Zusammenhang mit dem Gesetz zudem eine ganze Reihe von Maßnahmen zur Bekämpfung des Terrorismus aufgenommen und die Asylbestimmungen verschärft. Aus parteitaktischen Gründen gelang es schließlich der Union durch eine Klage vor dem Bundesverfassungsgericht wegen des gespaltenen Votums des Landes Brandenburg im Bundesrat das Zuwanderungsgesetz zu kippen und es weiter in ihrem Sinne restriktiv zu gestalten.

Gestrichen wurde etwa der Paragraph 76 («Sachverständigenrat für Zuwanderung und Integration»). Dieser vom Bundesinnenminister eingerichtete Zuwanderungsrat hatte sich bereits im Mai 2003 unter dem Vorsitz von Rita Süssmuth konstituiert. Nach dem Gesetzentwurf sollte der Zuwanderungsrat einen den «Wirtschaftsweisen» vergleichbaren Stellenwert bekommen. Sang- und klanglos wurde dieses wichtige Gremium allerdings zu Grabe getragen, nachdem es seinen ersten Bericht veröffentlicht und vorgeschlagen hatte, in stark begrenztem Umfang Zuwanderung zuzulassen. Dadurch war der Expertenkreis beim Bundesinnenminister und der CDU/CSU offensichtlich in Ungnade gefallen.

Jahrzehntelang war die Ausländerpolitik von einer Realitätsverweigerung geprägt, die teilweise bis heute anhält. Wer sich als Einwanderungsland definiert, muss daraus die Konsequenzen ziehen und vor allem eine Einwanderungsgesetzgebung auf den Weg bringen, wohl wissend, dass damit nicht das Thema «Einwanderung und Flucht» abgehakt ist. Es bleibt abzuwarten, ob die neue Bundesregierung den bisher fehlenden politischen Mut dazu aufbringt. In diesem Zusammenhang sei daran erinnert, dass die FDP bereits 1997 einen Entwurf für ein Einwanderungsgesetz vorgelegt hat. Die Grünen konnten sich ein Jahr später in den Koalitionsverhandlungen mit der SPD nicht durchsetzen. 2015 versuchten sie es erneut vergeblich mit einem Antrag «Für ein modernes Einwanderungsgesetz» im Bundestag. Im Januar 2015 überraschte CDU-Generalsekretär Peter Tauber mit der Forderung für ein solches Gesetz. Im Wahlprogramm für die Bundestagswahlen von CDU/CSU ist 2017 immerhin von einem «Fachkräfte-Zuwanderungsgesetz» die Rede. Ein Jahr zuvor hatte die SPD-Bundestagsfraktion den Entwurf für ein Einwanderungsgesetz vorgelegt. An Vorschlägen mangelt es also nicht, wohl aber an der Umsetzung.

Das dringend benötigte Einwanderungsgesetz darf allerdings auch nicht durch zu hoch gespannte Erwartungen überfrachtet werden. Gelegentlich wird so getan, als könnten mit ihm allein alle «Zuwanderungsprobleme» und vor allem die aktuelle «Flüchtlingskrise» gelöst werden. Ein Einwanderungsgesetz, das klar und überschaubar die Einwanderung von Arbeitsmigranten regelt, kann nichts an der Tatsache ändern, dass Europa auf Dauer mit der Zuwanderung von Flüchtlingen konfrontiert sein wird. Die Abwanderung von Arbeitskräften, vor allem die von qualifizierten und hoch qualifizierten hat natürlich negative Auswirkungen auf die Herkunftsländer, den viel zitierten «Brain drain». Es müssen also bei einem Einwanderungsgesetz die Interessen der Entsendeländer berücksichtigt werden, so dass alle drei Seiten – Heimat- und Einwanderungsländer sowie die Migranten selbst – davon profitieren. Der jüngste Vorstoß der SPD-Bundestagsfraktion im November 2017 zielt aber nur auf die Zuwanderung qualifizierter Arbeitskräfte «nach den Bedürfnissen des deutschen Arbeitsmarktes» ab. Bei diesem Entwurf, der bei FDP und Grünen auf Zustimmung stieß, geht es um ein Punktesystem, durch das nach Kriterien wie Sprachkenntnisse oder Alter Migranten ins Land geholt werden sollen. So fehlt den Flüchtlingen aus den armen Ländern dieser Welt weiterhin jede legale Möglichkeit der Zuwanderung und sie bleiben auf die gefährlichen Fluchtrouten angewiesen, die die europäische Politik mit aller Macht zu schließen sucht.

4. Bollwerk Europa: die dunkle Seite der Migrationspolitik

Die deutsche Zivilgesellschaft hat in den letzten Jahren ein deutliches Zeichen gesetzt. Doch es ist nicht die Zivilgesellschaft, die die europäische Flüchtlingspolitik bestimmt. In AfD-nahen Kreisen wird von einem großen «Umvolkungsplan» der Regierung geraunt, und man unterstellt Angela Merkel, sie wolle die Flüchtlinge ganz bewusst ins Land lassen, weswegen sie «weg» müsse. Weiter von der Realität kann sich eine politische Analyse nicht entfernen. Denn während viele Menschen im Land ihr Bestes gaben, um die Flüchtlinge aufzunehmen, suchte die Bundesregierung im Verbund mit ihren Partnern schon nach Wegen, den «Flüchtlingsstrom» nachhaltig zu begrenzen.

Auch die Protagonisten der «Willkommenskultur» gaben sich allerdings Illusionen hin. Denn sie missdeuteten Angela Merkels Vorgehen ebenfalls als eine grundsätzlich neue, offene Flüchtlingspolitik. Tatsächlich handelte es sich aber von vornherein nur um eine kurzfristig gedachte humanitäre Maßnahme, um der aktuellen Notsituation auf der Balkanroute zu begegnen. Um keine Missverständnisse aufkommen zu lassen: Diese Entscheidung, auf die gewaltsame Abriegelung der deutschen Grenze zu verzichten, und einige hunderttausend Flüchtlinge ins Land zu lassen, war moralisch richtig und ist als eine große Leistung von Angela Merkel zu betrachten. Dass es auch ganz anders geht, haben nahezu alle anderen europäischen Regierungen im Jahr 2015 gezeigt. Doch war mit dieser Entscheidung eben keine grundsätzliche Abkehr von der Migrationspolitik verbunden, die Europa seit vielen Jahren verfolgt und deren Ziel es ist, die Flüchtlinge von uns fernzuhalten. Im Überschwang des Moments geriet dies etwas in Vergessenheit, und in den Medien dominierte bald eine moralische Überheblichkeit gegenüber den europäischen Partnern, die bedenklich stimmen musste. Merkels Politik lief darauf hinaus, öffentlich die deutsche Hilfsbereitschaft gegenüber den Flüchtlingen zu betonen, im Hinterzimmer aber alles dafür zu tun, dass diese nicht mehr zu uns kommen können. Damit wurde im Grunde das Prinzip des Dublin-Abkommens fortgesetzt: Im Schaufenster steht ein großzügiges Asylrecht, aber das Geschäft ist permanent geschlossen. Wir stehen moralisch gut da, können das aber nur tun, weil andere uns die Flüchtlinge vom Leib halten. Im Scheinwerferlicht sind wir großzügig, aber da, wo der Lichtkegel nicht hinleuchtet, auf der dunklen Seite der Migrationspolitik, verfolgen wir dieselbe Abschottungspolitik, die in Europa seit vielen Jahren dominiert. Woher also nehmen wir das Recht, uns unseren europäischen Partnern moralisch überlegen zu fühlen?

Mare Nostrum

Wie sehr gerade Deutschland vor 2015 auf eine harte Abschottungspolitik drängte, zeigt das Schicksal der großartigen italienischen Rettungsaktion «Mare Nostrum» für Bootsflüchtlinge im Mittelmeer. Durch sie wurden allein 2014 von der Marine und Küstenwache etwa 166 000 Flüchtlinge gerettet. Doch sie endete in einem europäischen Trauerspiel. Das Großprojekt wurde nur zu rund 10 Prozent von der EU bezuschusst. Die Bitten um Unterstützung dieser Rettungsaktion, die Italien viel Geld kostete, wurden nicht erhört. Italien versuchte im Mai 2014, die EU unter Zugzwang zu setzen und zog seine Schiffe ein Stück weit von der libyschen Küste zurück, wodurch die Zahl der Schiffbrüchigen und Toten stieg. Aber auch das beeindruckte die EU nicht. Italien musste schließlich seine humanitäre Rettungsaktion wegen der ausbleibenden Unterstützung und zunehmender Kritik aus der EU, insbesondere aus Deutschland, im November 2014 einstellen.

Der Migrationsforscher Prof. Klaus J. Bade fasst diesen migrationspolitischen Skandal so zusammen: «Entscheidenden Anteil ... hatten das Bundesinnenministerium und Bundesinnenminister de Maizière persönlich: Er hatte die italienische Rettungsmission beharrlich als ‹Beihilfe zum Schlepperwesen›, als ‹eine Art Beihilfe für das Vermögen von Menschenhändlern› und als illegale ‹Brücke nach Europa› denunziert. Sein Haus bombardierte das italienische Innenministerium mit einschlägigen Vorwürfen, bis die Italiener schließlich aufgaben – was de Maizière dann in kühler Distanz als ‹rein italienische Entscheidung› interpretierte.» Ersetzt wurde die italienische Seenotrettungsmission durch die vergleichsweise kleine FRONTEX-Operation «Triton», die aber im Wesentlichen dem Grenzschutz und der Flüchtlingsabwehr dient.

Der Vorwurf, durch die große Seenotrettungsoperation «Mare Nostrum» seien die Flüchtlingszahlen gestiegen, ist allerdings eindeutig falsch. Die IOM weist in ihrer Analyse zum Migrationsgeschehen im Mittelmeer darauf hin, dass nicht «Mare Nostrum» im Sinne eines «Pull-Faktors» für die steigenden Flüchtlingszahlen verantwortlich gemacht werden könne. Vielmehr sei die Zahl der Flüchtlinge, die von der libyschen Küste aufbrechen, nach dem Ende der Operation weiter angestiegen. Eine Anzahl von «Push-Faktoren», wie die Konflikte im Irak und Syrien oder verschärfte Unterdrückungsmaßnahmen in Eritrea, hätten zur Intensivierung der Migrationsbewegungen geführt. Doch um die Realität geht es in der Flüchtlingspolitik nicht – zumindest nicht, solange diese die Argumente für die europäische Abschottungspolitik zu untergraben droht.

Denn während sich die deutsche Gesellschaft noch im verdienten Beifall für die «Willkommenskultur» des Herbstes 2015 sonnte, standen die Ampeln in der Flüchtlingspolitik schon lange wieder auf rot. Und was das für die flüchtenden Menschen bedeutete, wollten die meisten angesichts steigender Fremdenfeindlichkeit und erhöhter Umfrageergebnisse für die AfD lieber gar nicht so genau wissen. Ein im April 2017 veröffentlichter Bericht belegte jedoch, welche Gewalt und Brutalität die Menschen auf der westlichen Balkanroute nicht zuletzt seitens der Polizei erfuhren. Geschlagen und ausgeraubt, sahen sich die Flüchtlinge und Migranten oft illegalen Sammelausweisungen ausgesetzt. Die Abschreckungspolitik Ungarns hat in Europa Schule gemacht. Man spricht zurecht von einer Orbanisierung der Flüchtlingspolitik, benannt nach dem Staatschef Viktor Orbán, der Flüchtlinge verprügeln lässt, Zäune und Internierungslager baut, worüber sich Europa scheinheilig aufregt. Seinen Wunsch, dass die EU ihm die Kosten für den Stacheldrahtzaun ersetzt, lehnte Brüssel 2017 ab. Eigentlich hätte er das Geld dafür aber bekommen müssen, nimmt er uns doch die unangenehme Arbeit ab.

Über die angeblich geschlossene Balkanroute flüchten derweil immer noch Menschen. Vor allem mit der Hilfe von Schleppern gelangen Flüchtlinge über die türkisch-bulgarische Grenze nach Europa. Rund 10000 strandeten vor allem in Serbien. Es zeigt sich: Trotz aller Absperrungen und Verschärfungen der Asylgesetze lassen sich Flüchtlinge nicht ganz und gar aufhalten. Auch nicht durch sogenannte Pushbacks, gewaltsame Rückkehraktionen entlang der Balkanroute. Solche Aktionen hat es auf dem Mittelmeer in der Vergangenheit immer wieder gegeben, ein weiteres Trauerspiel europäischer Flüchtlingspolitik, bei denen die griechische und italienische Marine Schiffe abgedrängt oder zurückgeschleppt haben. 2014 hat das EU-Parlament allerdings strengere Regeln für den Umgang mit Flüchtlingsbooten verabschiedet. Nach einem Urteil des Europäischen Gerichtshofs (EuGH) ist es jetzt verboten, Schiffe bewusst abzudrängen oder eine Umkehr zu erzwingen. Fischer, die Flüchtlinge aus Seenot retten, müssen nicht mehr mit Strafverfolgung rechnen.

Konzentrische Kreise

In der EU zerbricht man sich schon lange den Kopf darüber, wie man die Flüchtlinge am besten abwehren kann. Bereits 1998 legte die österreichische Regierung als EU-Vorsitzende ein internes «Strategiepapier zur Migrations- und Asylpolitik» vor. Darin wurde behauptet, dass mindestens jeder zweite Zuwanderer in Europa ein Illegaler sei. Das Papier empfahl an die Stelle der «Festung Europa» ein Modell «konzentrischer migrationspolitischer Kreise» zu setzen, womit gemeint war, ein Vorfeld der Flüchtlingsabwehr zu schaffen. Den innersten dieser vier Kreise bilden die Schengenstaaten mit ihren intensiven Kontrollmaßnahmen. Die Nachbarstaaten sollen schrittweise in ein ähnliches System eingebunden werden, das sich als zweiter Kreis vor allem in der Visa-, Grenzkontroll- und Rücknahmepolitik kontinuierlich den Standards des ersten Kreises annähern soll. Ein dritter Kreis von Staaten, der den GUS-Raum (im Wesentlichen die Staaten der ehemaligen Sowjetunion), die Türkei und Nordafrika umschließt, soll sich vor allem auf die Transitkontrolle und Schlepperbekämpfung konzentrieren. Ein vierter Kreis, der Mittlere Osten, China und Schwarzafrika, soll sich um die Beseitigung von Push-Faktoren kümmern, die zur Abwanderung führen. Je nachdem wie die Rolle in den vier Kreisen erfüllt wird, führt dies zur Bestrafung oder zur Belohnung der jeweiligen Länder. So sollte der vierte Kreis Entwicklungshilfe je nachdem erhalten, wie er sich in diesem System verhält.

Schon damals, als der österreichische Vorschlag erarbeitet wurde, spielten sich dramatische Szenen im Mittelmeer ab. Fast jede Nacht versuchten Nordafrikaner, die Meerenge von Gibraltar zu durchqueren und das «Goldene Nordufer» des Mittelmeers zu erreichen. Die marokkanische Hilfsorganisation «Atime» ging davon aus, dass dabei jedes Jahr 1000 Menschen ums Leben kamen. Schon in den 1990er Jahren reagierte Europa mit Entsetzen, aber auch mit Gleichgültigkeit, versuchte mit militärischen Mitteln, seine Außengrenzen gegen unerwünschte Migranten abzuschotten. Mit Hubschraubern, Schiffen und Flugzeugen spürte die italienische Marine Flüchtlinge auf. 10 000 Mann stellte die italienische Küstenwache für diesen Zweck bereit.

Mit «Zuckerbrot und Peitsche» ein Bollwerk in unserem Vorfeld zu errichten, diese damals entwickelte Idee bestimmt bis heute die europäische Migrationspolitik. Seit Jahrzehnten prägt ein sicherheitspolitisches Denken die Diskussion in der EU, werden unter dem merkwürdigen Begriff «Südbedrohung» die unterschiedlichsten Probleme wie Drogenhandel, Terrorismus und steigende Migrantenzahlen vermischt. Von der Forderung einer gemeinsamen Migrationspolitik, für die sich das österreichische Dokument ebenfalls aussprach, ist Europa heute dennoch so weit entfernt wie nie zuvor, und das, obwohl in den letzten Jahren ein Flüchtlingsgipfel den nächsten jagte. Denn dabei herausgekommen ist herzlich wenig.

Immer Ärger mit der Quote

Nach langem Hin und Her einigten sich die zuständigen europäischen Minister im September 2015 darauf, in den nächsten zwei Jahren 160 000 Flüchtlinge aus Italien und Griechenland nach einem Quotenprinzip auf die Mitgliedstaaten zu verteilen, wofür sich Deutschland stark gemacht hatte. Ungarn, Tschechien, die Slowakei und Rumänien waren dabei überstimmt worden. Die Einigung kam vor allem deshalb zustande, weil sich Polen dafür aussprach. Nach dem kurz darauf erfolgten Regierungswechsel in Warschau wäre dies wohl nicht mehr möglich gewesen. Angesichts einer Einwohnerzahl von rund 512 Millionen erscheint die Zahl von 160 000 Flüchtlingen, die verteilt werden sollten, mehr als bescheiden. Das Trauerspiel ging aber in den nächsten Akt, denn kaum beschlossen, klagten die Slowakei und Ungarn vor dem Europäischen Gerichtshof gegen die Umverteilung der Flüchtlinge, weil sie gegen den EU-Vertrag verstoße und keine «zwangsweise Ansiedlung» von Flüchtlingen in EU-Staaten erlaubt sei, die das ablehnten. Offensichtlich befürchteten einzelne Mitgliedstaaten, vor allem in Osteuropa, man wolle ihnen eine «multikulturelle Gesellschaft» aufzwingen. Die ungarische Regierung veranstaltete am 2. Oktober 2016 ein Referendum, das gegen die Flüchtlingszuwanderung gerichtet war, da diese die nationale Identität gefährde. Obwohl die nötige Beteiligung der Stimmberechtigten nicht erreicht wurde und das Referendum damit gescheitert war, wertete die Regierung die abgegebenen Stimmen als Votum für ihre Flüchtlingspolitik.

Die Klage Ungarns und der Slowakei wurde vom Europäischen Gerichtshof (EuGH) im September 2017 zurückgewiesen. Die polnische Regierung hatte die Klage unterstützt.

Die ungarische Regierung blieb dennoch bei ihrer Rechtsposition und kündigte an, das Urteil zu ignorieren. Der ungarische Außenminister sagte sogar, der eigentliche Kampf würde jetzt erst beginnen. Ungarn werde alle Mittel einsetzen, um zu verhindern, «dass gegen den Willen der ungarischen Bevölkerung Flüchtlinge angesiedelt werden». Ähnliches war aus Warschau zu hören. Die slowakische Regierung dagegen will das Urteil akzeptieren. Es ist ein weiterer Skandal nicht nur in der europäischen Migrationspolitik, sondern für die EU insgesamt, wenn ein höchstrichterliches Urteil einfach ignoriert wird – gerade auch angesichts der Tatsache, dass von Flüchtlingen immer wieder zu Recht verlangt wird, sie hätten sich an Gesetz und Ordnung zu halten und die Regeln in den europäischen Ländern zu respektieren. Eigentlich hätte ein Aufschrei durch Europa gehen müssen. In seiner Rede zur Lage der Union am 13. September 2017 sagte Kommissionspräsident Jean-Claude Juncker aber nur, rechtskräftige Urteile seien zu akzeptieren, ohne Ungarn und die anderen Quertreiber namentlich zu erwähnen und an den Pranger zu stellen. Deutlichere Worte wären angesichts des Skandals mehr als angemessen gewesen, schließlich geht es um die Substanz der Europäischen Union – die Respektierung von Recht –, die in Frage gestellt wird. Ob diese Zurückhaltung etwas damit zu tun hat, dass Ungarn für den Rest der EU die Drecksarbeit übernimmt?

Man muss sich einmal in die Lage von Wählern zum Europäischen Parlament versetzen, dessen Wahl im Mai 2019 ansteht: Was passiert, wenn man als normaler EU-Bürger einen Strafzettel ignoriert, einfach nach dem Motto «Interessiert mich nicht, was eine Behörde oder gar ein Gericht entscheidet». Empfindliche Geldstrafen oder mehr wären die Folge. Hohe Geldstrafen gegen die Staaten, für die ein Urteil des höchsten europäischen Gerichtshofs nicht das Papier wert ist, auf dem es geschrieben wurde, sind ebenfalls möglich. Nach Informationen der «Frankfurter Allgemeinen Sonntagszeitung» bastelte man aber stattdessen heftig an einem faulen Kompromiss, bei dem es auch ums liebe Geld gehen sollte: Ein Staat soll 60 000 Euro für jeden Migranten erhalten, den er aufnimmt. Bleibt er unter einer Quote, wird derselbe Betrag bei den Überweisungen aus Brüssel abgezogen. Das hätte den Vorteil, dass man um die Peinlichkeit herumkäme, Strafen bei Staaten einzutreiben, die sie wahrscheinlich ohnehin nicht zahlen würden. Die Idee wird offiziell als «flexible Solidarität» verkauft. Nach dem Urteil des Europäischen Gerichtshofs und der Bestätigung des mit Mehrheit gefassten Beschlusses zur Verteilung von 160 000 Flüchtlingen hatten weder Polen noch Ungarn einen einzigen Flüchtling übernommen. Tschechien hatte gerade einmal zwölf aufgenommen. Angesichts dieser Unverschämtheit gegenüber Brüssel konnte sich die EU-Kommission schließlich doch dazu durchringen, Polen, Tschechien und Ungarn vor dem Europäischen Gerichtshof zu verklagen. Doch die ließen sich davon nur wenig beeindrucken: «Nichts wird geändert», sagte der polnische Außenminister. «Kein Druck wird uns dazu bringen, in der Migrationspolitik nachzugeben», tönte sein ungarischer Amtskollege. Tschechiens Regierungschef bezeichnete Verteilungsquoten als «Unsinn, der die Popularität rechtsextremer Parteien in Europa stärkt».

Deutschland erfährt nun am eigenen Leib, dass immer nur die Staaten europäische Solidarität bei der Verteilung der Flüchtlinge einfordern, in denen sich besonders viele aufhalten. Die Bundesrepublik machte hier vor 2015 keine Ausnahme, was heute die moralische Position Berlins gegenüber seinen Partnern untergräbt. Das Einzige, über das man in Europa in der Flüchtlingsfrage Einigkeit erzielen kann, ist, dass möglichst keine zu uns kommen sollen. Und um das zu erreichen, ist inzwischen beinahe jedes Mittel recht.

Ihr haltet uns die Armen vom Leib, wir bezahlen

Von wegen «offene Grenzen»: Angela Merkel, ein Jahr nach dem Herbst 2015 gefragt, was geschehe, wenn der «Flüchtlingsstrom» wieder ansteigen sollte, sagte: «Dann macht Österreich den Brenner dicht.» Auf dem CDU-Parteitag am 6. Dezember 2016 bekräftigte sie: «Eine Situation wie die des Sommers 2015 kann, soll und darf sich nicht wiederholen.» Längst hat sich in der europäischen Migrationspolitik die Leitlinie «Grenzschutz um jeden Preis» durchgesetzt – und zu diesem Preis kann auch der Einsatz von Militär gehören. Sebastian Kurz, damals noch Österreichs Außenminister, überraschte im Juli 2017 mit der Aussage, er würde auch Panzer am Brenner auffahren lassen, falls die Flüchtlingszahlen wieder steigen sollten. Auch hier ließen bevorstehende Wahlen grüßen. Österreichs Bundeskanzler Christian Kern (SPÖ) hatte sich bereits im April 2017 für Flüchtlingslager in Afrika stark gemacht und gesagt, dass zu deren Bewachung auch das österreichische Bundesheer Kontingente abstellen könnte. Militärische Sicherung sei zu diskutieren, so der Bundeskanzler. Wer die Mittelmeerroute schließen wolle, müsse «bereit sein, diese Frage zu beantworten».

Auch Deutschland hat Anteil an der zunehmenden Militarisierung der europäischen Flüchtlingspolitik. Im August 2017 übergab Verteidigungsministerin von der Leyen bei ihrem Besuch in Niger, einem wichtigen Transitland für Migranten und Flüchtlinge, 100 Pritschenwagen, 115 Motorräder und 55 Satellitentelefone an Polizei und Armee zur Bekämpfung der Schlepperbanden. Zwar handelt es sich nicht um Waffen, aber wie man auf Bildern von Terrororganisationen wie dem IS sehen kann, lassen sich beispielsweise Pritschenwagen leicht mit Maschinengewehren oder anderen Waffensystemen aufrüsten. Was mit der ganzen Ausrüstung aus Deutschland geschieht, entzieht sich ohnehin jeglicher Kontrolle, die auch nicht vereinbart wurde. Ein fragwürdiges Unterfangen in einem der ärmsten Länder der Welt, wo der Menschenschmuggel zu einem wichtigen Wirtschaftsfaktor geworden ist, der sich auch durch ein 2015 erlassenes Gesetz nicht vollständig eindämmen ließ.

Prinz Asfa-Wossen Asserate ist einer der besten Kenner des afrikanischen Kontinents und seiner Fluchtbewegungen. In seinem Buch «Die neue Völkerwanderung» schildert er, wie im Sommer 2016 Woche für Woche 16000 Migranten die Grenzstadt Agadez, die «Hauptstadt der Schmuggler, erreichten und verließen». Nicht nur die Schlepper, Autohändler, Besitzer von Unterkünften oder Bewohner, die den Migranten am Straßenrand Wasser zu überhöhten Preisen verkaufen, verdienen an dem Handel mit Migranten, die sich von der Wüstenstadt aus nach Libyen aufmachen. Sieben Banken haben in der Stadt Filialen eröffnet, Polizisten und Armeeangehörige leben recht gut von dieser Einnahmequelle. Fast alle Migranten, die von Westafrika aus nach Europa wollen, durchqueren den Wüstenstaat. Deshalb hofiert Europa seit langem Nigers Präsidenten Mahamadou Issoufou, der von Bundeskanzlerin Merkel im Juni 2016 in Berlin empfangen wurde. Dabei erklärte er sich bereit, in seinem Land von der EU finanzierte Aufnahmezentren für Migranten zu bauen. Es ist nicht zu erwarten, dass mit der paramilitärischen Ausrüstung aus Deutschland der Menschenschmuggel als eine der wichtigsten Einnahmequellen im Niger gestoppt werden kann, auch wenn die Maßnahmen der EU, die Migranten vor Ort aufzuhalten, Erfolge zeigen. Seit Anfang 2017 konnte nach Angaben von IOM nur die Hälfte der 70000 Migranten, die nach Niger eingereist sind, die nördliche Grenze des Landes passieren. Die restlichen seien verschollen, in der Wüste unterwegs, mussten umkehren. In Notquartieren, in Agadez «Getto» genannt, warten viele darauf, ihre Reise fortzusetzen und ihren Traum von einem Leben in Europa zu verwirklichen. Ende 2017 ist es mit Hilfe der EU offensichtlich gelungen, die Migration in Agadez zu stoppen. Die Stadt «wirkt leer und verwaist», schreibt Alfred Hackensberger, der Korrespondent der «WELT», was auch die ARD-Korrespondentin bestätigt. Ein Erfolg der «Antimigrationseinheit» des westafrikanischen Staates, die die Europäische Union ausgerüstet hat. Der Beobachter vor Ort spricht denn auch «von einer neuen Außengrenze der EU», in Niger, mitten in Afrika.

EUCAP Sahel Niger (EU Capacity Building Mission in Niger) heißt die Mission der EU, die 26 Millionen Euro im Jahr kostet. Ihre Aufgabe ist, die staatlichen Sicherheitskräfte auszubilden und zu unterstützen, um die Migration aus Westafrika zu stoppen. Bereits 2015 hat die EU ihre Anstrengungen verstärkt und die Mission auf die Eindämmung der Fluchtbewegung orientiert, nachdem sie vorher bereits bei der Bekämpfung von Terrorismus und anderer organisierter Kriminalität aktiv war. Bis zum Jahre 2016 wurden über 6000 Sicherheitskräfte, Armeeangehörige oder Justizbeamte trainiert. Deutschland beteiligt sich an der Mission, für die über 100 Experten aus 13 EU-Staaten arbeiten. Mit sogenannten Migrationspartnerschaften soll nicht nur im Niger, sondern auch in Ländern wie dem Senegal oder Mali, das Motto «Ihr haltet uns die Armen vom Leib, wir bezahlen» umgesetzt werden, wie der «SPIEGEL» schreibt. Die Europäische Kommission lobt die Zusammenarbeit mit Niger als einen «Vorzeigefall». Im September 2017 veröffentlichte sie eine überaus positive Bilanz dieser fragwürdigen Kooperation, von der die Öffentlichkeit in Europa nur wenig erfährt bzw. erfahren will. In diesem «fünften Fortschrittsbericht über den Migrationspartnerschaftsrahmen» weist sie darauf hin, dass «die Maßnahmen zur besseren Steuerung der Migration über die zentrale Mittelmeerroute und die Zusammenarbeit mit Partnern in Afrika bereits erste Früchte tragen». Die Zahl der Migranten und die «tragischen Todesfälle auf See» seien während der Sommermonate deutlich zurückgegangen, was aber tatsächlich in erster Linie an der Zusammenarbeit mit fragwürdigen Gruppen in Libyen lag, die jetzt die Boote aufhalten.

Der Dialog und die Kooperation mit den fünf afrikanischen Schwerpunktländern (Niger, Mali, Nigeria, Senegal und Äthiopien) werden derweil fortgesetzt. In der Sahelzone leistet die EU, wie es in dem Kommissions-Bericht heißt, «Unterstützung zur Verbesserung der Sicherheit und zur Förderung der Entwicklung». Bisher wurden im Rahmen des EU-Treuhandfonds für Afrika, in den auch Guinea, die Elfenbeinküste und Ghana einbezogen wurden, sage und schreibe 169 Verträge im Gesamtwert von über 1,2 Milliarden Euro unterzeichnet. Damit sollen – so die Kommission – beispielsweise Arbeitsplätze geschaffen und soziale Dienste für die lokale Bevölkerung gefördert werden. Tatsächlich geht es aber in erster Linie um die Flüchtlingsabwehr.

Auch mit militärischen Mitteln will man den Schleusern das Handwerk legen. Zur Erhöhung der Sicherheit in der Region werden die laufenden Missionen der Gemeinsamen Sicherheits- und Verteidigungspolitik (GSVP) der EU gestärkt und ihr Geltungsbereich regionalisiert. Mit 50 Millionen Euro ist die EU nach dem Bericht außerdem «der größte Geldgeber der gemeinsamen Einsatztruppe der G5 der Sahelzone, die eingerichtet wurde, um die Grenzsicherheit in der Region zu verbessern und den Menschenhandel verstärkt zu bekämpfen». Nicht nur die Zusammenarbeit mit Partnerländern in

Nord- und Westafrika wurde – so die Kommission weiter – ausgebaut. Nein, die EU dehnt ihre Grenzsicherung jetzt sogar bis nach Asien aus: Mit Bangladesch wurde «eine Einigung über Standardverfahren erzielt», heißt es wörtlich, ohne zu benennen, was damit genau gemeint ist. Offensichtlich geht es um die Verfahren bei der Rücknahme von Flüchtlingen. Auch mit Pakistan und Afghanistan laufen ähnliche Bemühungen. Ganz neu ist ein mit 12 Millionen Euro ausgestattetes Programm, das am 1. August 2017 startete und durch das das «Migration Management» in den Ländern entlang der Seidenstraße (Silk Route Countries) verbessert werden soll. Man sieht, die Kommission hat die Welt im Blick, wenn es darum geht, Flüchtlinge und Migranten fernzuhalten.

Bei einem Treffen im Juli 2017 in Paris vereinbarten Deutschland und Frankreich eine engere Zusammenarbeit bei der Lieferung von Rüstungsgütern und bei der Bekämpfung des Terrorismus in Afrika. Frankreichs Präsident Macron sagte bei dem Treffen mit der Bundeskanzlerin theatralisch: «In der Sahelzone entscheidet sich unser gemeinsames Schicksal.» Später machte er klar, dass er dabei auch an die Flüchtlinge dachte und bei der Rede von «Sicherheit» in erster Linie militärische Kooperation gemeint war: «Ich löse das Flüchtlingsproblem in Afrika an Ort und Stelle.» Der Präsident unterstrich, dass die von Deutschland unterstützte «Sahel-Initiative» dem Ziel dient, Einwanderungsströme nach Europa einzudämmen. Und Macron kündigte Hotspots in Libyen an. Wie das umgesetzt werden soll, blieb allerdings unklar. Kurze Zeit danach räumte denn auch das Präsidentenbüro ein, dass es zurzeit aus Sicherheitsgründen nicht möglich sei, diese Vorschläge zu realisieren. Eine populäre Initiative zur «Eindämmung der Flüchtlingszahlen» war trotzdem medienwirksam gestartet worden und lenkte von massiven Problemen ab, die Frankreich im Umgang mit Flüchtlingen im eigenen Lande hat, wo beispielsweise in Straßburg über 100 Menschen in einer Zeltstadt am Bahnhof im Dreck und in der Kälte hausen.

Macron betonte, die EU solle beim Aufbau der Registrierungszentren in Libyen eingebunden werden, «aber Frankreich wird es machen», womit er sich als Führungskraft in der europäischen Flüchtlingspolitik zu profilieren versuchte. Auch aus Deutschland wurden im Sommer 2017 wieder Rufe nach Auffanglagern in Libyen laut, so vom niedersächsischen Innenminister Boris Pistorius (SPD). Auf die Frage, wie so etwas umgesetzt werden soll, antwortete er in einem Interview mit der «Süddeutschen Zeitung»: «Das ist eine Frage von Geld, wie so oft im Leben.» Eine klare Aussage, die auf den Punkt bringt, wie die europäische Migrationspolitik funktioniert. Wie kontrolliert werden könnte, was mit den vielen Millionen Steuergeldern, die schon in Afrika, vor allem in Libyen zur Vorverlagerung der europäischen Grenzen ausgegeben wurden, geschieht, darüber spricht man nicht in Europa in den Zeiten der Flüchtlingsabwehr.

Die Militarisierung der Migrationspolitik

In den Chor der Stimmen, die eine weitere Militarisierung der Flüchtlingspolitik forderten, stimmte im August 2017 lautstark der bulgarische Verteidigungsminister Krasimir Karakachanow ein: «Wir sollten in Italien und Griechenland Truppen von Nato oder EU einsetzen und die Außengrenzen der Europäischen Union notfalls mit Waffengewalt verteidigen. Wenn die illegalen Migranten dann sehen, dass sie nicht mehr durchkommen und keinen Fuß mehr auf europäischen Boden setzen können, werden sie zu Hause bleiben.» Bei einer geringen Zahl von Flüchtlingen und fast leeren Aufnahmelagern kündigte der Minister an, dass Bulgarien künftig zur Verbesserung des Grenzschutzes verstärkt Militär einsetzen werde. Geplant sei, die bulgarisch-türkische Grenze in fünf Zonen einzuteilen. In jede dieser Zonen würde jeweils eine bewaffnete Truppe in Kompaniestärke geschickt, die den Grenzabschnitt bewachen soll. Es würden auch hoch spezialisierte Kampftruppen dabei sein, insgesamt bis zu 600 Soldaten. Karakachanow, Führungsmitglied des nationalistisch-populistischen Wahlbündnisses «Vereinigte Patrioten», kann sich mit seinen Äußerungen auf eine breite Zustimmung in der Bevölkerung verlassen, wie Meinungsumfragen belegen. Weniger Verlass ist allerdings auf seine Grenzschützer, die als korrupt gelten und von denen schon Dutzende selbst am Flughafen von Sofia festgenommen wurden, weil sie Flüchtlinge gegen Geld ins Land ließen. An der Grenze wurde in Bulgarien auch mit sogenannten «Bürgerwehren», in denen sich Nationalisten mit Kriminellen zusammengetan hatten, Jagd auf Flüchtlinge gemacht. Grenzer und Polizisten in Bulgarien, das zur EU gehört, sind für ihre oft brutalen Übergriffe bekannt. Nun also Kampftruppen gegen Flüchtlinge – die Brutalisierung der Migrationspolitik schreitet weiter fort, ohne dass sich die Öffentlichkeit in Europa darüber aufregt. Die sogenannten Pushbacks, die Zurückweisung von Flüchtlingen an der türkischen Grenze durch bulgarische Grenzpolizei wurde immerhin 2015 vom Menschenrechtskommissar des Europarats kritisiert.

Auch Italien beteiligt sich an der Eskalation. Die Berlusconi-Regierung machte mit dem Ghaddafi-Regime jahrelang Geschäfte unter dem Motto «Geld für die Flüchtlingsabwehr». Inzwischen versucht Rom erneut, mit Millionen von Euros in Libyen eine anrüchige Küstenwache aufzurüsten, die Flüchtlinge aufhält und in die Hölle der Lager zurückbringt. Nicht nur in Libyen, auch in Tunesien, das die «illegale Ausreise» nach Europa durch ein Gesetz verbot, haben die Regime Europa lange die Flüchtlinge vom Hals gehalten. In Nordafrika hat es also Tradition, für die EU Flüchtlinge in Lager zu internieren. Das Gleiche gilt für die Belohnungen, die dafür ausgeteilt wurden, beispielsweise die Aufhebung des Waffenembargos und der Wirtschaftssanktionen gegenüber Libyen im Jahre 2004. Italien, das schon damals in erster Linie von der illegalen Zuwanderung betroffen war, stellte Milliarden Euro zur Verfügung, damit die Migranten und Flüchtlinge durch Patrouillen bekämpft werden konnten. Italien erklärte Libyen sogar zum sicheren Drittland. Die EU insgesamt hofierte den Diktator Ghaddafi als Partner für eine stabile Region. 2011 wurde er durch den Arabischen Frühling und die westliche Intervention hinweggefegt und schließlich von Rebellen getötet. Danach versank Libyen im Chaos, das bis heute anhält und es zu einem Paradies für Menschenschmuggler werden ließ. Das hat aber die EU, allen voran Italien, nicht davon abgehalten, an die schlimme Tradition der Ghaddafi-Zeit anzuknüpfen und schmutzige Geschäfte mit fragwürdigen Partnern abzuschließen. Aus dem Kampf gegen Schlepper wurde längst ein Kampf gegen Flüchtlinge, denen die Fluchtrouten versperrt werden. Italien nimmt dabei schon fast eine tragische Rolle ein: erst das Berlusconi/Ghaddafi-Abkommen, dann das große Rettungswerk «Mare Nostrum», dann wieder unter dem Druck der EU-Partner die Abwehrpolitik. Nicht wenige in der EU dürften sich inzwischen die Zeiten unter Ghaddafi zurückwünschen, der die Flüchtlingsabwehr weitaus professioneller und geräuschloser gestaltete. Hätten Großbritannien und Frankreich nicht auf seinen Sturz gedrängt, wäre die Flüchtlingsabwehr heute bedeutend leichter. So mancher dürfte diese Entscheidung inzwischen verfluchen.

Im Sommer 2017 wurde die Migrationspolitik im Mittelmeerraum weiter militarisiert, als Italien beschloss, die Marine nach Libyen zu schicken. Das Parlament in Rom stimmte für einen Militäreinsatz in libyschen Hoheitsgewässern, um dadurch Schlepper zu bekämpfen und Flüchtlinge abzufangen, aber auch den Einsatz der privaten Rettungsschiffe zu behindern. Der italienische Ministerpräsident Paolo Gentiloni sprach von einem möglichen Wendepunkt in der «Flüchtlingskrise» durch diesen Einsatz, an dem sich nach italienischen Zeitungsberichten 900 Soldaten, ein Kommandoschiff und fünf kleinere Schiffe, unterstützt von Flugzeugen, Hubschraubern und Drohnen beteiligen sollten. Die abgefangenen Flüchtlinge sollten nach diesen Informationen nach Libyen zurückgebracht werden. Auch in diesem Fall blieb die Umsetzung dieser umstrittenen Pläne unklar. Selbst ein Teil der international anerkannten libyschen Regierung in Tripolis unter al-Sarradsch erklärte, italienische Schiffe direkt vor der Küste würden die Souveränität des Landes verletzen. Armeechef General Khalifa Haftar drohte sogar damit, italienische Marineschiffe zu bombardieren, die in Libyens Hoheitsgewässern operieren würden. Später bot er an, für eine Milliarde Dollar im Jahr entlang der Südgrenze Libyens alle 100 Kilometer eine 150-Mann-Garnison zu errichten.

Zuvor hatte Frankreichs Präsident Macron diese beiden Gegner im libyschen Bürgerkrieg nach Paris eingeladen, um eine Waffenruhe zu vereinbaren und Frieden zu schließen, ohne Italien mit seinen engen Verbindungen zu Libyen einzubeziehen. Die beiden Rivalen sollen sich auf ein gemeinsames Vorgehen geeinigt haben, wovon nichts zu spüren war, als es um die Reaktion auf den Vorstoß Italiens ging. Dass die EU mit solch dubiosen Gestalten Geschäfte macht, um Flüchtlinge abzuwehren, ist bezeichnend für die Migrationspolitik im Jahre 2017. Zuvor hatte das «offizielle Libyen» im Übrigen ausdrücklich nur Italien um finanzielle Hilfen gebeten, ein Affront gegenüber der EU. Deren Politik gegenüber Libyen ist von reinem Aktionismus gekennzeichnet. Von einem koordinierten Vorgehen konnte keine Rede sein, es wurden Vorschläge in die Welt gesetzt, an deren Umsetzungsmöglichkeiten keiner glaubte, die aber der Wählerschaft gut zu vermitteln waren, gerade auch im Hinblick auf bevorstehende Wahlen in Italien.

Die Strategie der unterschiedlichen Bemühungen war klar: um jeden Preis die Mittelmeerroute als Hauptfluchtroute zu unterbrechen. Diese Strategie der EU und ihrer italienischen Speerspitze wurde von der Bundesregierung mitgetragen, die die AfD als ausländerfeindlich kritisierte, aber gleichzeitig an einer zentralen Forderung aus dem Wahlprogramm dieser Partei – nämlich die Schließung der Mittelmeerroute – fleißig mitarbeitete. FDP-Chef Christian Lindner sprach sich kurz vor der Bundestagswahl ebenfalls für die Schließung der Route über das Mittelmeer aus. Die Maghrebstaaten müssen seiner Meinung nach die Menschen, die illegal bei uns sind, zurücknehmen: «Sonst kann es keine Entwicklungshilfe geben.» Außerdem müssten die Flüchtlinge in die alte Heimat zurückkehren, sobald die Lage es zulasse. Aussagen, die ganz offensichtlich im Hinblick auf den rechten Wählerrand getroffen und gezielt in einem Interview mit der «Bild-Zeitung» in die Welt gesetzt wurden. Die Zeitung fragte sogar nach, woher denn plötzlich diese Härte in den Aussagen komme. Die Schlagzeile lautete denn auch: «Alle Flüchtlinge müssen zurück!» Wie eine Wahlanalyse von infratest dimap zeigt, stieß diese härtere Linie in der Flüchtlingspolitik bei alten wie neuen FDP-Wählern auf große Zustimmung.

Zwischen Italien und Frankreich entstand in der Folge so etwas wie ein Wettstreit um Libyen. Den Vorschlag aus Paris, dort Asylzentren einzurichten, bezeichnete der italienische Außenminister als «unüberlegtes Geplapper». Dabei spielen auch handfeste wirtschaftliche Interessen um Gas- und Ölvorkommen eine Rolle. Italien unterstützt deshalb die international anerkannte Regierung der Nationalen Einheit, während Frankreich auf General Khalifa Haftar setzt, der die wichtigsten Erdölhäfen in Libyen unter seiner Kontrolle hat. Präsident Emmanuel Macron lud im August nochmal zu einem «Flüchtlingsgipfel» nach Paris ein, an dem die Bundeskanzlerin, Italiens Ministerpräsident, der spanische Premier sowie die EU-Außenbeauftragte teilnahmen. Geladen waren die Staatschefs aus den Transitländern der Migranten, dem Niger und dem Tschad sowie der Chef der Übergangsregierung Libyens. Fragwürdige Gesprächspartner – so werden der Armee des Tschad schwere Menschenrechtsverletzungen vorgeworfen. Wiederholt haben dort Sicherheitskräfte friedliche Demonstrationen brutal niedergeschlagen und Menschen erschossen. Sowohl für den Tschad als auch für den Niger hatte das Auswärtige Amt zur gleichen Zeit, als diese Gespräche stattfanden, Reisewarnungen herausgegeben.

Macron forcierte erneut seine Idee, in Libyen Hotspots zur Vorüberprüfung der Asylanträge einzurichten, ohne konkrete Umsetzungspläne vorlegen zu können. «Über Asylfragen wird künftig in Afrika entschieden», so seine Botschaft auf dem Gipfel. Beschlossen wurde (wieder einmal), die Schlepper zu bekämpfen, die Grenzen intensiver zu überwachen und die wirtschaftliche Entwicklung in den Herkunftsländern der Flüchtlinge sowie in den Transitländern zu stärken. Auf jeden Fall konnte Nigers Staatschef Issoufou stolz davon berichten, dass mit den bisher aus der EU bezahlten Geldern die Anzahl der Flüchtlinge um 80 Prozent reduziert werden konnte. Bundeskanzlerin Merkel unterstützte die Idee, Flüchtlingslager in Afrika einzurichten, kündigte an, die Entwicklungshilfe für die Herkunftsstaaten zu erhöhen und versprach – zum wiederholten Male wie viele andere Staatschefs zuvor – «legale Möglichkeiten» der Einreise zu schaffen.

Brigade 48

Unterdessen häuften sich die absurden Vorwürfe, private Hilfsorganisationen würden im Mittelmeer mit den Schleusern gemeinsame Sache machen. Helfer, die rund 40 Prozent aller geretteten Flüchtlinge vor dem Ertrinken bewahrt hatten, wurden kriminalisiert. Beweise für Absprachen mit den Menschenschmugglern konnten weder von den italienischen Behörden noch von den verschiedensten Stimmen aus Politik und Medien in Deutschland vorgelegt werden, die diese «Fake News» verbreiteten. «Jugend Rettet», eine von sechs Organisationen, die sich weigerten, einen Verhaltenskodex der italienischen Regierung zu unterschreiben, wurde der Beihilfe zur illegalen Migration bezichtigt und ihr Schiff beschlagnahmt. Der Verhaltenskodex verpflichtet die Nichtregierungsorganisationen (NGOs) unter anderem dazu, bewaffnete Polizisten an Bord zu akzeptieren, sich der afrikanischen Küste nicht zu nähern und aufgenommene Flüchtlinge nicht von größeren Schiffen weitertransportieren zu lassen.

Im Herbst 2017 waren nur noch wenige Hilfsorganisationen vor der Küste im Einsatz, darunter das große Rettungsschiff «Aquarius» von «SOS Méditerranée». Die anderen hatten sich zurückgezogen, weil sie von der libyschen Küstenwache bedroht worden waren. Bei einem Staatsbesuch des Chefs der libyschen Einheitsregierung, Fayes al-Sarradsch, im Kanzleramt am 7. Dezember 2017 ermahnte Bundeskanzlerin Merkel ihren «Amtskollegen» deshalb sogar: «Ich habe den Ministerpräsidenten ... allerdings auch gebeten, dass die Schiffe, die in der Seenotrettung beschäftigt sind, nicht bedroht werden, so dass sie ihre Arbeit, bei der es ja um das Retten von Leben geht, machen können.» Merkel verteidigte bei diesem Anlass allerdings das umstrittene Engagement Deutschlands in

Libyen: «Wir bilden die libysche Küstenwache aus, um auch die Unterstützung der staatlichen Strukturen in Libyen voranzubringen.»

Auch das Vorgehen gegen private Hilfsschiffe ist nicht neu in der europäischen Migrationspolitik: Vor 13 Jahren wurde Elias Bierdel als Vorstand der Hilfsorganisation «Cap Anamur» auf Sizilien wegen Schlepperei angeklagt, wo er 38 afrikanische Flüchtlinge abgesetzt hatte. Fünf Jahre später sprach ihn ein italienisches Gericht frei, weil er nur seiner Plicht zur Seenotrettung nachgekommen sei. In diesem Zusammenhang wurde Italien 2012 vom Europäischen Gerichtshof zu Entschädigungszahlungen an 24 afrikanische Flüchtlinge verurteilt. Die italienische Küstenwache hatte sie drei Jahre zuvor vor Sizilien abgefangen und nach Libyen gebracht, wo einige von ihnen gefoltert wurden. Der Europäische Gerichtshof in Straßburg ließ nicht gelten, dass die Italiener in internationalen Gewässern operiert hätten. Auf einem italienischen Schiff seien die Flüchtlinge auf italienischem Hoheitsgebiet gewesen. Italien habe gewusst oder wissen müssen, was den Migranten in Libyen drohe, so die Richter weiter. Dieses Urteil spielte 2017 allerdings keine Rolle mehr. Vielmehr gelang es Italien, die sogenannte libysche Küstenwache dazu zu bewegen, ihr Einzugsgebiet auf eine 70-Meilen-Zone auszudehnen, in der private Rettungsschiffe nichts zu suchen hätten und aus der sie Flüchtlinge wieder zurück ins Land der Hölle brachten. Die EU, allen voran Italien, überließen die Drecksarbeit der libyschen «Küstenwache» mit ihren Milizen und nahmen in Kauf, dass noch mehr Flüchtlinge im Mittelmeer ertranken oder in den «KZ-ähnlichen» Lagern in Libyen landeten. Das Ziel aber war erreicht: weniger Flüchtlinge nach Europa!

Italien hat traditionell gute Geheimdienstnetzwerke in Libyen, wie ein Experte vom European Council for Foreign Relations (ECFR) in diesem Zusammenhang feststellte. So hat das Land eine Übereinkunft mit lybischen Bürgermeistern getroffen. Die Städte erhalten Geld für den Ausbau der Infrastruktur und verpflichten sich im Gegenzug, sich im Kampf gegen Schleuser stärker zu engagieren. Die Zahl der Bootsflüchtlinge aus Libyen ging allem Anschein nach auch deshalb zurück, weil neue bewaffnete Gruppen dafür sorgten, dass die Menschenschmuggler nicht mehr ablegen konnten. Ein mächtiger Milizen- und Schmuggelchef soll in diesem Zusammenhang die Seiten gewechselt haben. Eine dubiose Miliz mit dem Namen «Brigade 48» verhindere mit mehreren hundert bewaffneten Mitgliedern die Abfahrt über das Mittelmeer. Nach einer Recherche des britischen Nachrichtenportals «Middle East Eye» haben sie das Zentrum für die Flucht nach Europa, Zawiya, 50 Kilometer von der Hauptstadt Tripolis entfernt, praktisch dichtgemacht. Sie würden hohe Geldsummen dafür bekommen, dass sie Flüchtlingsboote am Auslaufen hindern. Zeugenberichten zufolge stammt das Geld aus der EU. Fünf Millionen Dollar seien bereits gezahlt worden, von einem Treffen zwischen Agenten des italienischen Geheimdienstes mit den Anführern der Hauptmilizen von Zawiya und Sabrata ist die Rede. Nach einem Bericht der «Frankfurter Allgemeinen Zeitung» heißt der Anführer Ahmed Dabaschi al Ammu («der Onkel»), einst einer der größten «Schmuggelbarone», der jetzt eine Schleuserabwehrtruppe befehligt.

Unter den Schleuserbanden der Küstenstadt Sabratah brachen im Herbst 2017 heftige Kämpfe aus. Auch andere zwielichtige Gestalten wollen offenbar mit den neuen Deals Geld verdienen. Leidtragende sind wieder einmal die Flüchtlinge, von denen IOM mindestens 4000, die in den sogenannten privaten Gefängnissen festgehalten wurden, rettete und in einem Flugzeughangar unterbrachte. Etwa 2000 Migranten machten sich zu Fuß auf den Weg, um sich vor den Kämpfen in Sicherheit zu bringen. Um die Außengrenzen immer weiter nach Afrika vorzuverlagern und das Bollwerk zur Flüchtlingsabwehr auszubauen, scheut Europa offensichtlich nicht davor zurück, mit solchen kriminellen Elementen zusammenzuarbeiten, die morgen schon wieder die Seiten wechseln können. Was mit den Millionen von Geldern geschieht, ob sie in Libyen nicht im Bürgerkrieg eingesetzt werden oder gar in den Händen von Terroristen landen, weiß niemand. Und wie lange diese Banden die Boote für wie viel Geld aufhalten werden, schon gar nicht. Erst recht nicht, was mit den Flüchtlingen geschieht, die gewaltsam an der Fortsetzung ihrer Flucht gehindert werden. Schon wurden Stimmen laut, die von einer Trendwende und einem Erfolg dieser Geschäfte sprachen: Die Zahl der Bootsflüchtlinge sei zurückgegangen, eine Zeitlang seien keine Ertrunkenen mehr gemeldet worden. Ein doppelter Trugschluss: Die Flüchtlinge suchen unter Führung der Schlepper nach neuen Routen, und Ende September bestätigten die lybischen Behörden wieder einen Schiffbruch an der Küste mit schätzungsweise 100 toten Flüchtlingen – was aber nicht mehr als eine kleine Zeitungsnotiz wert war.

5. Worum es eigentlich geht: die globale Ungleichheit und das «Weltflüchtlingsproblem»

Europa reagiert auch in der aktuellen «Flüchtlingskrise» mit den alten Reflexen. Mit den Staaten in Nordafrika und der Sahelzone sowie der Türkei werden fragwürdige Abkommen zur «Vorfeldsicherung» geschlossen. Der Schutz der EU-Außengrenzen wird nach Afrika vorverlagert. «Flüchtlingsabwehr» lautet das Motto. Erneut wurde eine Chance verpasst, eine Krise zum Neubeginn zu nutzen und eine nachhaltige Migrations- und Flüchtlingspolitik zu entwickeln. Denn es gibt eine unbequeme Wahrheit, der sich Europa mit aller Macht zu entziehen versucht: Mit allen bislang angewendeten Abwehrmaßnahmen und Versuchen der Vorfeldsicherung wird nur an den Symptomen herumgedoktert. Die Krise geht jedoch sehr viel tiefer. Für das «Weltflüchtlingsproblem» kann es keine kurzfristigen «Lösungen» geben. Zu glauben, die Flüchtlinge kämen nur, weil unsere Abschreckungsmaßnahmen zu weich seien, ist naiv. Die Zustände, vor denen die Menschen fliehen, sind so hoffnungslos, dass sie sich immer aufmachen werden, ganz gleich wie klein die Chance auf Erfolg ist. Unsere Politik stärkt das Sicherheitsdenken und schwächt die humanitäre Komponente im Umgang mit den Flüchtlingen. Damit wird sie im Endeffekt auf dem Rücken der Schwächsten ausgetragen, deren Leid wir auszublenden versuchen, damit wir guten Gewissens so weiterleben können wie bisher. Doch diese Einsicht zu vermitteln, davor schrecken die Politiker in Europa zurück.

Eine Welt in Unordnung

Die «Neue Völkerwanderung» ist so etwas wie ein «Fieberthermometer», das die Krankheiten der Welt misst oder ein «Seismograph» für eine Welt in Unordnung. Flüchtlinge sind gleichsam die Überbringer der schlechten Botschaft von Kriegen, Bürgerkriegen, Menschenrechtsverletzungen, Armut, Hunger und wirtschaftlicher Ungerechtigkeit auf der Welt. Ihr Erscheinen rüttelt uns auf, zeigt, in welcher Krise sich die Welt und damit wir uns selbst befinden. Auch wenn wir die Augen davor verschließen und die Probleme zu ignorieren versuchen, so bleiben sie doch immer noch da. Im Gegenteil, je mehr wir wegzuschauen versuchen, desto mehr erhöht sich der Druck im Kessel, wie sich gerade in den letzten Jahren seit der «Flüchtlingskrise» von 2015 gezeigt hat.

Seit Jahrzehnten wird über das «Ausländerproblem» oder die «Flüchtlingskrise» geredet. Aber das eigentliche Problem wird nicht benannt. Wenn man das täte, würde es zwar unbequem, man würde aber zu den eigentlichen Fluchtursachen vorstoßen, wie die sozialen, politischen und wirtschaftlichen Ungerechtigkeiten auf der Welt, die zu beseitigen ein grundsätzliches Umdenken und Handeln erfordert. Papst Franziskus hat auf eine Wurzel des Übels hingewiesen und gesagt: «Ebenso wie das Gebot ‹Du sollst nicht töten› eine deutliche Grenze setzt, um den Wert des menschlichen Lebens zu sichern, müssen wir heute ein ‹Nein zu einer Wirtschaft der Ausschließung und der Disparität der Einkommen› sagen. Diese Wirtschaft tötet. Es ist unglaublich, dass es kein Aufsehen erregt, wenn ein alter Mann, der gezwungen ist, auf der

Straße zu leben, erfriert, während eine Baisse um zwei Punkte an der Börse Schlagzeilen macht.»

Um solche Gedanken geht es. Mit ihnen muss man sich im Rahmen der «Flüchtlingskrise» auseinandersetzen, um die eigentliche Aufgabe zu erkennen. Es geht darum, zu teilen und nicht nur zu spenden, wenn wir wirklich an den Fluchtursachen ansetzen wollen. Wenn so etwas vernünftig erklärt und vermittelt wird, ist die Bereitschaft für einen Perspektivwechsel in der Bevölkerung vielleicht größer, als sich mancher Politiker träumen lässt. In Barcelona demonstrierten im Februar 2017 160 000 Menschen gegen die spanische Migrationspolitik und forderten die Regierung auf, mehr Flüchtlinge aufzunehmen. Eine der größten Kundgebungen dieser Art, die es je in Europa gegeben hat und ein deutliches Signal dafür, dass die Zivilgesellschaft die dunkle Seite der Migrationspolitik nicht unbedingt mitträgt.

Die Regierungen suchen dennoch Zuflucht bei einer Politik der Angst. Seit das Feindbild «Bedrohung durch den Kommunismus/die Sowjetunion» zusammengebrochen ist, entstand im Westen ein neues: die Bedrohung durch den Islam und die Flüchtlinge. Mit diesem Feindbild werden Vorurteile geschürt. Die Ausländer- und Flüchtlingspolitik wurde immer wieder zum Machterwerb- und Machterhalt eingesetzt und wird es noch. In Deutschland vor allem in Wahlkämpfen auf Landes- und Bundesebene, mit Warnungen vor dem «Ausländerproblem» oder der «Asylantenflut», als Munition, um den politischen Gegner anzugreifen und dessen Wählerbasis zu unterminieren. Auf europäischer Ebene lässt sich das gleiche Schauspiel beobachten. In Großbritannien führte es mit zum Brexit.

Ungarn ist ein Paradebeispiel, wie man mit dem Schreckgespenst einer «Völkerwanderung» die Wähler zu seinen Gunsten manipulieren kann. Staatschef Orbán, wiederholt von der CSU eingeladen und hofiert, verbreitet skrupellos die Verschwörungstheorie, der US-Milliardär George Soros sei für die «Flüchtlingskrise» verantwortlich und plane eine «Migranteninvasion». Diese würde durch die «Unterwanderung» der europäischen Gremien und die von Soros finanzierten Zivilorganisationen geschehen. Die EU-Kommission und der Europäische Rat hätten sich schon dem «Soros-Plan» angeschlossen. Sein Ziel sei es, die «christliche und nationale Identität» der Völker Europas zu zerstören. Soros ist ein ungarischer Jude, der den Holocaust überlebt und es als Emigrant in den USA zu einem Milliardenvermögen gebracht hat. Mit Plakaten, auf denen Soros abgebildet ist und die den ungarischen Steuerzahler 18,4 Millionen Euro gekostet haben, schürt Orbán – ob bewusst oder unbewusst spielt keine Rolle – antisemitische Vorurteile. Bei seinem letzten Besuch in Deutschland sagte er in einem Interview mit der «Bild-Zeitung»: «Wir betrachten diese Menschen nicht als muslimische Flüchtlinge, sondern als muslimische Invasoren.» Ungarn ist ein aktuelles Beispiel dafür, wie das Thema «Ausländer» politisch instrumentalisiert wird und wie man damit eine Wählerschaft hinter sich bringen kann, gerade im Hinblick auf bevorstehende Wahlen. Andere Fälle finden sich in der Migrationsgeschichte Europas zuhauf, auch in Deutschland, nicht nur was den Wahlerfolg der AfD bei den Landtagswahlen und der Bundestagswahl 2017 angeht.

Flüchtlingsabwehrpolitik

Das Flüchtlingsdrama im Mittelmeer und auf dem Balkan zeigt, dass die Abschreckungsmaßnahmen die Menschen letztlich nicht aufhalten. Europa wird auf Dauer mit dem «Weltflüchtlingsproblem» leben müssen, der «Migrationsdruck» wird bleiben. Das heißt aber nicht, dass man nichts tun kann. Im Gegenteil, verstärkte Anstrengungen in der Friedens-, Außen-, Sicherheits- und Entwicklungspolitik sind dringend notwendig. Allerdings werden solche koordinierten Maßnahmen seit Jahren immer wieder angekündigt, ohne dass viel geschieht.

Die Bekämpfung der Schlepperbanden stellt die EU vor die gleichen Probleme wie die Herausforderung durch den internationalen Drogenhandel, dem auch nicht beizukommen ist. Sich auf den Einsatz gegen Schlepper zu konzentrieren, ist eine Verkürzung des Problems, zumal die europäische Abschottungspolitik den kriminellen Schlepperbanden erst ihr Geschäftsmodell verschafft, so wie es ohne das Verbot von Drogen auch keine Drogenkriminalität gäbe. Die Forderung, die Grenzen für alle Flüchtlinge zu öffnen, ist natürlich ebenfalls keine Lösung des Problems. Dadurch würden die Aufnahmekapazitäten selbst der reichen Industrieländer erschöpft. Die Bevölkerung würde eine solche Idee auch nicht mittragen. Mehr Flüchtlinge als jetzt könnte Europa allerdings schon aufnehmen, ohne die Hilfsbereitschaft der Wählerschaft zu überfordern.

Die Abschottungspolitik der EU, die Einbeziehung der Herkunfts- und Transitländer der Migranten in ihr Bollwerk, hat zudem eine nicht zu unterschätzende Signalwirkung. Wenn schon das reiche Europa neue Mauern baut, warum sollten dann arme und ärmste Länder in Afrika oder Asien ihre Grenzen für Flüchtlinge offen halten? So hat Kenia Zehntausende von Somalis aus den Lagern abgeschoben und baut eine 700 Kilometer lange Mauer. Das Land rechtfertigt das mit der EU-Politik.

Europa versucht derzeit, einen neuen Eisernen Vorhang zur Flüchtlingsabwehr zu errichten und erinnert sich nicht mehr an den Club of Rome, der 1991 klar voraussagte, dass «keine Maßnahmen die Einwanderungsbewegung wirkungsvoll stoppen werden». Dies könne zu einer deutlichen Verschärfung des Rassismus in den Aufnahmeländern führen und bei Wahlen Rechtsradikalen zur Macht verhelfen. Um diese Entwicklung zu verhindern, müsse die Bevölkerung der reichen Länder darauf vorbereitet werden, diese Tatsache zu akzeptieren. Und der damalige Bundesinnenminister Wolfgang Schäuble sagte 1991 in weiser Voraussicht im Deutschen Bundestag: «Die Fluchtbewegungen werden anhalten, sogar anwachsen und durch noch so effiziente Kontrollen an den Grenzen nicht aufzuhalten sein.» Beide sollten recht behalten.

In den letzten Jahren hat die EU nicht die Fluchtursachen, sondern die Fluchtbewegungen bekämpft und die Fluchtwege verbaut. «Flüchtlingsabwehrpolitik» sollte es eigentlich heißen. Immer wieder betont die EU, man brauche legale Zuwanderungsmöglichkeiten, beispielsweise Kommissionspräsident Juncker im September 2017 in seiner Rede zur Lage der Union. Reine Lippenbekenntnisse, wenn man bedenkt, wie viel Zeit schon ungenutzt verstrichen ist. Bislang kann Deutschland nur einen kleinen Modellversuch für Zuwanderer vom Westbalkan vorweisen, der bis 2020 laufen soll und auch nicht den gewünschten Erfolg gebracht hat.

Am 27. September 2017 kündigte die Europäische Kommission neue Maßnahmen in der Migrationspolitik an. Am Tag zuvor war das Programm ausgelaufen, mit dem 160 000 Flüchtlinge auf die EU-Mitgliedstaaten hätten verteilt werden sollen. Im Laufe der Zeit hatte sich diese Zahl übrigens auf mysteriöse Weise auf 120 000 reduziert, die aus Griechenland und Italien herausgeholt werden sollten. Die IOM und vor allem die Europäische Kommission feierten das zweijährige Umsiedlungsprogramm als Erfolg, dabei fiel die Bilanz mehr als bescheiden aus. So veröffentlichte die Kommission selbst am «Jubiläumstag» überhaupt keine Zahlen. Nach Angaben von IOM hatte Deutschland die meisten Asylbewerber aufgenommen (8479), gefolgt von Frankreich (4474), den Niederlanden (2442), Schweden (2276) und Finnland (1975). Malta sowie Norwegen und Liechtenstein – die beiden Nicht-EU-Staaten, die am Programm teilnahmen – haben ihre Quoten erreicht. Finnland und Irland haben ihre Verpflichtungen fast erfüllt. Ungarn und Polen haben dagegen überhaupt nicht am Programm teilgenommen, während Österreich und die Tschechische Republik weniger als 1 Prozent ihrer Quote erfüllt haben. Insgesamt war es nur gelungen, rund 29000 Menschen zu verteilen, nicht einmal ein Fünftel dessen, was verbindlich beschlossen worden war, nicht mehr als ein Tropfen auf den heißen Stein könnte man sagen, um die dramatisierten Sprachbilder der «Flüchtlingskrise» aufzugreifen. Rund 20000 kamen aus Griechenland und gerade einmal etwas über 9000 aus Italien, die beiden Länder, die massiv entlastet werden sollten.

Um sich nicht ganz und gar zu blamieren und das Scheitern des Umverteilungsprogramms zu kaschieren, präsentierte die Europäische Kommission nach eigenen Worten «nächste Schritte hin zu einer entschlosseneren, wirksameren und gerechteren Migrations- und Asylpolitik». Dabei empfahl (!) sie ein EU-Neuansiedlungsprogramm, um in den kommenden zwei Jahren mindestens 50000 Flüchtlinge, die internationalen Schutz besonders dringend brauchen, nach Europa zu bringen. Das Programm, das auf freiwilliger Basis beruht, soll bis Oktober 2019 (!) eingeführt werden. Zur Unterstützung der Neuansiedlungsbemühungen der Mitgliedstaaten hat die Kommission 500 Millionen Euro bereitgestellt. Die Neuansiedlung aus der Türkei und dem Nahen Osten müsse fortgesetzt werden. Außerdem sollte nach Meinung der Kommission die Neuansiedlung gefährdeter Menschen aus Nordafrika und dem Horn von Afrika stärker in den Fokus rücken, insbesondere aus Libyen, Ägypten, Niger, Sudan, Tschad und Äthiopien. Dies werde «zur weiteren Stabilisierung der Migrationsströme entlang der zentralen Mittelmeerroute beitragen», womit klar wird, dass es eigentlich um die Unterbrechung dieser wichtigsten Route geht. Die bisherigen Erfahrungen mit dem alten Programm lassen wenig Hoffnung aufkommen, dass es diesmal gelingt, Flüchtlinge in Europa zu verteilen.

Außerdem will die Kommission, wie sie schreibt, die Mitgliedstaaten ermutigen, «private Patenschaften» einzurichten, «die es privaten Gruppen oder zivilgesellschaftlichen Organisationen ermöglichen, im Einklang mit den nationalen Rechtsvorschriften Neuansiedlungen zu organisieren und zu finanzieren». Dazu soll ein Pilotprojekt starten und die Verantwortung der EU für die Aufnahme von Geflüchteten allem Anschein nach zunehmend auf die private Seite hin verlagert werden. Pilotprojekte für die legale Migration mit Drittländern sollen ebenfalls in Angriff genommen werden, um den «irregulären Zustrom in eine bedarfsorientierte Wirtschaftsmigration in die EU-Mitgliedstaaten umzuwandeln». Also ein klarer ökonomischer Selbstzweck, denn die Kommission ist sich bewusst, dass Europa Einwanderer braucht. Auch hier zeigt sich zudem wieder die «Zuckerbrot-und-Peitsche-Politik»: Die Pilotprojekte sollen sich zunächst «auf Länder konzentrieren, die im Bereich der irregulären Migration und der Rücknahme irregulärer Migranten politisches Engagement bei der Suche nach gemeinsamen Lösungen bewiesen haben».

Keinen Zweifel lässt die Kommission daran, dass die Rückkehrpolitik verstärkt werden soll, denn die Rückkehrquoten von rund 36 Prozent seien nach wie vor nicht ausreichend. In nächster Zeit müssten schätzungsweise 1,5 Millionen Menschen aus EU-Mitgliedstaaten zurückgeführt werden, betont die Kommission. Dazu soll auch die Rückkehrabteilung in der Europäischen Grenz- und Küstenwache beträchtlich verstärkt werden. Die Mitgliedstaaten an den Außengrenzen könnten unter Umständen das Hotspot-Konzept nutzen, damit Rückführungsaktionen vor allem bei einem sprunghaften Anstieg der Zahl ankommender Menschen zügig ablaufen, betont die Kommission. «Sämtliche Anreize und Hebel auf EU- und auf nationaler Ebene» müssten genutzt werden, um die Zusammenarbeit bei der Rückübernahme durch die Herkunftsländer zu verbessern. Die Behörden in Libyen sollen überdies bei der Kontrolle der südlichen Landesgrenzen unterstützt werden. Außerdem müsse «die Arbeit entlang anderer Migrationsrouten fortgesetzt werden, vor allem im Blick darauf, dass diese Routen zunehmend miteinander verbunden werden». Glasklar formuliert die Europäische Kommission so ihre Flüchtlingsabwehrpolitik, verkauft das als ein Konzept für eine gerechtere Migrations- und Asylpolitik und bringt das alles unter Zeitungsschlagzeilen wie «EU will 50000 Flüchtlinge aufnehmen» PR-wirksam in die Öffentlichkeit.

Die Kultur des Teilens

In der EU insgesamt, nicht nur in Deutschland, wird der Fehler begangen, dass Flüchtlingspolitik und Zuwanderungspolitik in einen Topf geworfen und in einer unsachlichen Debatte vermischt werden. Auf der einen Seite geht es um Arbeitskräftewanderung, die durch ein Einwanderungsgesetz geregelt werden sollte. Auf der anderen Seite um Flüchtlinge und Asylbewerber, die es zu schützen gilt und deren Anzahl sich nicht durch ein Gesetz festlegen lässt. Ein zukunftsorientiertes, verlässliches und klares Konzept einer Einwanderungs-

und Flüchtlingspolitik fehlt bis zum heutigen Tag. Dabei hätte man es schon in der sogenannten «Gastarbeiterzeit» in Angriff nehmen können.

Letztendlich geht es um die innere Einstellung, um eine Frage der Haltung gegenüber Flüchtlingen und Fremden. Um Flüchtlinge, die keine anonyme Masse, sondern einzelne Menschen mit ihrem Schicksal sind. Die Flüchtlingsfrage geht an die Substanz von jedem Einzelnen. Sie ist eine Nagelprobe für Politik und Gesellschaft, für unsere Demokratie und unsere Werte, die immer wieder beschworen werden. In der Krise liegt die Chance, gemeinsam – Einheimische und Zugewanderte – eine Vision von unserer Einwanderungsgesellschaft zu entwickeln. Wie wollen wir ein friedvolles Zusammenleben gestalten? Auf der Grundlage gemeinsamer Werte, die im Grundgesetz verankert sind. In klarer Abgrenzung von Rechtsextremismus und Fremdenfeindlichkeit.

Die von Krisen geschüttelte Welt mit ihrer ungerechten Ordnung wird weiterhin Migrations- und Flüchtlingsbewegungen produzieren. Sie sind nichts anderes als der Ausdruck der wirtschaftlichen, demographischen und politischen Ungleichgewichte. Hier müsste eine langfristig orientierte Politik ansetzen, der es darum geht, nicht nur die Fluchtrouten nach Europa zu verbauen, sondern die Probleme an der Wurzel zu packen. Stattdessen erklärt die europäische Politik zwar die Bekämpfung der Fluchtursachen zum wichtigen Ziel, versteht darunter aber im Wesentlichen Entwicklungshilfe und Zusammenarbeit bei der Ausbildung von Sicherheitskräften. Da wo es wirklich wehtäte, bei den Rahmenbedingungen einer ungerechten Weltwirtschaftsordnung, will niemand ansetzen. Hier wären aber einschneidende Maßnahmen nötig, wenn die Absicht, die Fluchtursachen zu bekämpfen, nicht nur leeres Gerede bleiben soll. Doch müssen natürlich auch die Entwicklungsländer selbst in die Pflicht genommen werden. Dazu gehört die Korruptionsbekämpfung ebenso wie die unbedingte Einhaltung der Menschenrechte im eigenen Land sowie eine gute Regierungsführung («Good Governance»). Im Rahmen der «Flüchtlingsabwehrpolitik» versorgt man allerdings lieber die bestehenden Regime mit Geld und Material und schert sich nicht groß darum, was diese damit anstellen, solange nur weniger Flüchtlinge durchkommen.

Nicht nur die Kirchen fordern seit Langem «eine neue Kultur des Teilens» und betonen, dass es nicht möglich ist, dauerhaft auf Kosten der Länder der sogenannten Dritten Welt zu leben. Wir sollten uns daran erinnern, dass wir es waren, die das westliche Modell, unser Ideal von Gesellschaftsordnung und Wohlstand, auf die ganze Welt übertragen haben. Dennoch wundern wir uns jetzt, dass viele Menschen in anderen Regionen daran teilhaben wollen, und sind offensichtlich nicht bereit, die Konsequenzen aus unserem «Modell-Export» – Arbeitsmigranten und Flüchtlinge, die sich auf den Weg machen – zu ertragen.

Eine Welt in Bewegung

In den letzten Jahren entstand der Eindruck, als würde die Mehrzahl der Flüchtlinge nach Deutschland kommen, dabei nehmen vor allem arme Entwicklungsländer viel mehr auf. Das Argument, nicht alle können zu uns kommen, stammt aus dieser Richtung. Denn darum geht es gar nicht: Es kommt nur ein Bruchteil der Flüchtlinge zu uns. Die Mehrzahl, rund 90 Prozent, bleibt im eigenen Land oder flieht in Nachbarländer, nicht in die reichen Industrieländer Europas. Die Zahl der Flüchtlinge auf der Welt hat mit 65,6 Millionen im Jahre 2016 erneut eine traurige Rekordmarke erreicht, die größer ist als die Bevölkerung Großbritanniens. Die Zahl setzt sich so zusammen: 40,3 Millionen sind Binnenvertriebene, also Menschen, die vor Konflikten und Gewalt im eigenen Land auf der Flucht sind. Das entspricht zwei Drittel aller Flüchtlinge weltweit. Hinzu kommen 22,5 Millionen, die sich außerhalb ihres Landes befinden, ebenfalls wieder die höchste Zahl seit Menschengedenken. Zum Verantwortungsbereich des Flüchtlingswerks der Vereinten Nationen UNHCR zählen davon 17,2 Millionen, von den Übrigen sind über 5 Millionen palästinensische Flüchtlinge, die nicht unter das Mandat von UNHCR fallen und international fast in Vergessenheit geraten sind. Eine weitere Gruppe umfasst die 2,8 Millionen Asylbewerber, deren Anerkennungsverfahren in den Aufnahmeländern noch läuft.

Besonders besorgniserregend: Die Hälfte aller Flüchtlinge sind Kinder. Der seit dem Eingreifen Saudi-Arabiens noch einmal massiv verschärfte Bürgerkrieg im Jemen hat 2,5 Millionen Menschen zur Flucht gezwungen, die nicht nach Europa gekommen sind. Das Elend der syrischen Flüchtlinge sieht so aus: 6,6 Millionen sind Heimatvertriebene im eigenen Land. 4,9 Millionen flüchteten ins Ausland, vor allem in Nachbarländer. Alles in allem entspricht das etwa der Hälfte der Bevölkerung Syriens vor Ausbruch des Krieges, der 250000 Todesopfer gefordert hat. 1,2 Millionen haben im Libanon Schutz gefunden, der bereits bis Ende 2014 insgesamt 7,5 Milliarden US-Dollar für die Bewältigung der «Flüchtlingskrise» aufbringen musste. Im Libanon sind seit Jahren über 20 Prozent der Bevölkerung Flüchtlinge, in einem Land halb so groß wie Sachsen. Auf Deutschland übertragen, wären das 16 Millionen.

Weltflüchtlingspolitik

Die Erkenntnis, dass sich die «Flüchtlingskrise» nicht national, sondern nur im europäischen Rahmen «lösen» lässt, ist nicht neu, aber deswegen nicht weniger richtig. In diesem Zusammenhang geht es (wieder einmal) um die eigenen Werte, beispielsweise um die Tatsache, dass sich die EU im Lissabon-Vertrag von 2007 zur Achtung der «unverletzlichen und unveräußerlichen Rechte des Menschen sowie Freiheit, Demokratie, Gleichheit und Rechtsstaatlichkeit als universelle Werte» bekannt hat. Werte wie Demokratie und Menschenrechte stehen mit der «Flüchtlingskrise» auf dem Prüfstand, auch was den Friedensnobelpreis angeht, den die EU vor fünf Jahren erhalten hat und angesichts ihrer jüngsten Politik eigentlich wieder zurückgeben müsste. Um seinen eigenen Ansprüchen gerecht zu werden, muss Europa Flüchtlinge menschenwürdig behandeln und insgesamt Verantwortung übernehmen für eine gerechte Gestaltung der Globalisierung. Das gilt allerdings für die internationale Staatengemeinschaft insgesamt, die sich seit 2015 mit der «2030 Agenda für nachhaltige Entwicklung» und ihren 17 Globalen Nachhaltigkeitszielen (SDGs) dafür einsetzt, die Grundlagen für eine nachhaltige Entwicklung zu schaffen. Allen Menschen, künftige Generationen eingeschlossen, sollen damit grundlegende Chancen auf ein gelingendes Leben eröffnet werden, frei von Armut, Hunger, Gewalt, Angst und allen Formen der Menschenrechtsverletzung.

Dass dazu die Welt von Migration und Flucht gehört, wurde von der internationalen Staatengemeinschaft anerkannt, und sie hat sich auf Konferenzen der Vereinten Nationen in New York 2016 und in einer «New Yorker Erklärung» zu einem besseren Schutz von Flüchtlingen sowie verstärkten

Integrationsmaßnahmen verpflichtet. Dabei wurde ein Prozess für einen «Globalen Gesellschaftsvertrag für Migration und Entwicklung (Global Compact on Migration)» eingeleitet, der im September 2018 mit konkreten Ergebnissen und Verpflichtungen abgeschlossen werden soll. Es bleibt jedoch abzuwarten, ob es wieder bei unverbindlichen Absichtserklärungen bleibt oder ob endlich konkrete Maßnahmen auf internationaler Ebene erfolgen. Chancen für einen Neubeginn sind vorhanden. Auf der anderen Seite besteht die Gefahr, dass die Nationalstaaten, die nach wie vor auf ihre Zuständigkeit in der Migrations- und Flüchtlingspolitik pochen, die Verantwortung für Lösungsansätze auf die Vereinten Nationen und ihre Institutionen schieben, sich aber ihren eigenen Verpflichtungen entziehen. Nach wie vor fehlt eine zentrale Institution mit UN-Mandat für Migration, die dringend notwendig wäre. Nicht nur im internationalen Bereich, auch in Deutschland und dem restlichen Europa wird in der Migrationspolitik kaum auf das Potential der Migranten und ihrer Organisationen zurückgegriffen, es wird immer noch sehr viel über Flüchtlinge und andere Zuwanderer, aber kaum mit ihnen gesprochen.

In der europäischen Migrationspolitik und auch in der internationalen kommt Deutschland eine wichtige Rolle zu. Mit Marokko hat es 2017 und 2018 den Vorsitz im Globalen Forum für Migration und Entwicklung (GFMD) inne, das 2007 gegründet wurde. Die Arbeit steht unter dem Motto «Auf dem Weg zu einem globalen Gesellschaftsvertrag für Migration und Entwicklung». Dabei soll vor allem der Interessenausgleich im Rahmen regulärer und geordneter Migration zwischen Migranten und ihren Herkunfts-, Transit- und Zielländern behandelt werden. Allerdings haben die Beschlüsse des GFMD nur empfehlenden Charakter. Um seinen internationalen Verpflichtungen nachzukommen, sollte Deutschland den internationalen Konventionen zur Migration beitreten. Seit 1990 besteht beispielsweise das Internationale Übereinkommen zum Schutz der Rechte aller Wanderarbeitnehmer und ihrer Familienangehörigen – kurz: UN-Wanderarbeitnehmerkonvention –, dem Deutschland, «in bester Gesellschaft» mit den anderen Aufnahmeländern bisher nicht beigetreten ist.

Ein Marshallplan für Afrika?

Doch solche Abkommen drohen bloßes Papier zu bleiben, wenn sie gleichzeitig von den realen Machtverhältnissen unterminiert werden. Was damit gemeint ist, haben kürzlich wieder die Enthüllungen im Rahmen der «Paradise Papers» gezeigt. Westliche Konzerne eignen sich die Rohstoffe der Entwicklungsländer zu Schleuderpreisen an, für die Länder selber bleiben nur Brosamen, die dann wiederum von korrupten Eliten verschwendet werden. Eine nachhaltige Entwicklung kann so selbst in aufgrund ihrer Bodenschätze eigentlich reichen Ländern wie dem Kongo nicht entstehen. Wie die «Süddeutsche Zeitung» anhand der «Paradise Papers» enthüllte, könnte etwa der Schweizer Rohstoffkonzern «Glencore» über einen Mittelsmann Beamte des Kongo bestochen haben, um weit unter Marktwert in den Besitz von Kupfer-Schürfrechten zu gelangen. Solange diese grundlegenden Probleme nicht angepackt werden, sind alle Bemühungen der Entwicklungshilfe nichts anderes als ein Tropfen auf den heißen Stein, da den armen Ländern gleichzeitig sehr viel größere Beträge durch die Machenschaften internationaler Konzerne und eine ungerechte Weltwirtschaftsordnung wieder abhanden kommen.

In den letzten Jahren kamen immer mehr Flüchtlinge aus Afrika nach Europa. Dies – und nicht etwa das Streben nach einer gerechten Weltordnung – führte zu einer neuen Bereitschaft, dem Nachbarkontinent zu helfen. Es geht darum, die Zahl der Flüchtlinge und Migranten zu verringern, nicht um humanitäre Aspekte. Auch diese Idee ist (wieder einmal) alt. Bereits 1973 lag dem Bundeskabinett eine grundsätzliche Ausarbeitung des Bundesarbeitsministeriums zur Ausländerpolitik vor, die Vorschläge enthielt, wie in den Herkunftsländern im Rahmen der Entwicklungshilfe Arbeitsplätze geschaffen werden könnten. Solche Forderungen, Maschinen zu den Menschen zu bringen und nicht umgekehrt, sollten im Laufe der Jahre in der Ausländerpolitik des Öfteren wiederholt werden, sind aber praktisch unerfüllt geblieben. Um welche Herausforderung es geht, wenn man wirklich die Arbeitsplätze zu den Menschen bringen will, macht eine Berechnung aus dem Jahr 1992 deutlich: Bei der damaligen Bevölkerungszunahme hätten die unterentwickelten Länder innerhalb von 20 Jahren zusätzlich mehr neue Arbeitsplätze schaffen müssen, als es in der ganzen industrialisierten Welt gab. Hinzu wäre die Aufgabe gekommen, die Arbeitslosigkeit abzubauen, die in vielen Entwicklungsländern bis zu 50 Prozent ausmacht. Darin hat sich bis heute nur wenig geändert.

Für Horrorzahlen, wonach Millionen von Afrikanern auf gepackten Koffern sitzen würden, um nach Europa zu gelangen, fehlt aber jegliche gesicherte Grundlage. Wenn auch gut gemeint, um die Bevölkerung für Afrika zu sensibilisieren, sind dahingehende Äußerungen namhafter Politiker nicht unproblematisch, weil sie gerade das Gegenteil erreichen können, nämlich Ängste zu schüren, die zu weiterer Abschottung führen. Gemeint sind Zitate des früheren Bundepräsidenten Horst Köhler: Wenn der Wohlstand nicht nach Afrika komme, komme Afrika zum Wohlstand. Oder Bundesentwicklungsminister Gerd Müller (CSU), der 2017 im Bundestag auf «ein weltweites Gerechtigkeits- und Verteilungsproblem» hinwies und wörtlich sagte: «Glauben Sie nicht, dass wir unseren Wohlstand auf Dauer auf dem Rücken Afrikas und der Entwicklungsländer aufrechterhalten können, ohne dass die Menschen aus diesen Ländern zu uns kommen und sich dann das holen, was ihnen zusteht.» Mit hochgeschraubten Zahlen agiert der neue Präsident des EU-Parlaments, Antonio Tajani: «Wenn wir es nicht schaffen, die zentralen Probleme in afrikanischen Staaten zu lösen, werden in zehn Jahren zehn, 20 oder sogar 30 Millionen Einwanderer in die Europäische Union kommen.» Wie der konservative Politiker aus Italien auf diese Zahlen kommt, bleibt ein Rätsel. Bundesentwicklungsminister Müller legte in der «Bild am Sonntag» sogar noch etwas drauf: «Wenn wir es nicht schaffen, die Erderwärmung auf zwei Grad zu begrenzen, werden in Zukunft bis zu 100 Millionen Menschen Richtung Norden wandern.»

Gerade das Beispiel des früheren engagierten Bundesentwicklungsministers Gerd Müller zeigt, wie schwierig es ist, eine ambitionierte Afrika-Politik umzusetzen. Zwar ist sein Etat um 35 Prozent aufgestockt worden, von 6,44 Milliarden Euro im Jahr 2014 auf 8,54 Milliarden im Jahre 2017. Eine Sonderinitiative «Eine Welt ohne Hunger» wurde ins Leben gerufen, ein «Marshallplan mit Afrika» vorgelegt, durch den die Diskussion über die Zusammenarbeit mit dem Kontinent neugestaltet werden soll – aber bei der Umsetzung der guten Ideen fehlte es dem Minister an Kompetenzen. Diese Erfahrungen, dass man eben nicht durch ein solches Ressort mit seinen beschränkten Möglichkeiten eine Mammutaufgabe wie eine partnerschaftliche Politik gegenüber Afrika bewältigen kann, mussten bereits die Amtsvorgänger von Müller machen, etwa Erhard Eppler (SPD) schon vor über 40 Jahren. Jeder, der diese Themen angeht, stößt zwangsläufig an die Grenzen des Machbaren und kommt zur Erkenntnis, dass es um grundsätzliche Probleme wie die Kluft zwischen Arm und Reich auf der Welt geht, die ein Minister höchstens benennen und in Angriff nehmen, aber keineswegs lösen kann.

Ein Marshallplan für Afrika – das klingt in deutschen Ohren gut, hat dieses Konzept doch geholfen, das zerstörte Europa nach dem Zweiten Weltkrieg wiederaufzubauen. Aber wie wirkt ein solches Motto in Afrika? Bei afrikanischen Beobachtern sind solche Ideen auf Kritik gestoßen. Der Kontinent brauche einen solchen Plan nicht. Afrika habe schon genug eigene Pläne, das Problem sei nur immer wieder die Umsetzung, wird kritisiert. Die afrikanischen Länder oder gar Bürgerinnen und Bürger wurden bisher nicht gefragt, ob sie so etwas überhaupt wollen. In den Entwurf des Plans selbst – eine Diskussionsgrundlage – ist kein einziger afrikanischer Partner einbezogen worden. Ursprünglich habe man von «Marshallplan für Afrika» gesprochen, dann ist das Projekt in «Marshallplan mit Afrika» umbenannt worden. Der Plan bietet viele gut gemeinte Vorschläge, schweigt sich aber hartnäckig darüber aus, wie diese umgesetzt werden könnten.

Auf dem G20-Gipfel in Hamburg wurde 2017 ebenfalls die Chance vertan, ein partnerschaftliches Abkommen mit Afrika zum Abbau des nach wie vor bestehenden Nord-Süd-Gefälles abzuschließen. Der dort beschlossene «Compact with Africa (CWA)» wurde ebenfalls praktisch ohne diejenigen, um die es eigentlich gehen sollte, die afrikanischen Staaten, beschlossen. Die reichen Industrienationen vertrauen bei ihren Beschlüssen darauf, dass Privatinvestitionen die Armut beseitigen würden und verweisen in ihrer Abschlusserklärung auf den laufenden UN-Dialogprozess, bei dem es um Migration und Flucht geht. Die Staaten auf dem afrikanischen Kontinent werden allem Anschein nach nur mit einbezogen, wenn es um die Beseitigung von Flüchtlingsbewegungen geht.

Allerdings lassen sich nicht alle afrikanischen Staaten so

einfach in die europäische Flüchtlingsabwehrstrategie einbinden, wie man sich das in Europa vorstellt. So weigerten sich auf einem EU-Afrika-Gipfel auf Malta im Februar 2017 die fünf von der EU ausgesuchten Schwerpunktstaaten Mali, Senegal, Äthiopien, Niger und Nigeria (zunächst) Rücknahmeabkommen für Flüchtlinge mit der EU zu unterzeichnen. Kritisiert wurde von afrikanischer Seite, dass rund 20 der 50 Staaten Afrikas gar nicht erst von der EU eingeladen wurden. Die Vertreterin des ostafrikanischen Staatenbundes IGAD nannte das EU-Türkei-Abkommen ein «sehr schlechtes Vorbild» für die Zusammenarbeit mit afrikanischen Staaten. Sie wies darauf hin, dass allein Ostafrika neun Millionen Flüchtlingen Schutz gewähre. In Uganda sei die Zahl der Flüchtlinge aus Südsudan auf über eine Million angestiegen. In manchen Gegenden des Landes sei das Verhältnis von Flüchtlingen zu Einwohnern eins zu eins.

Fluchtursachen beseitigen! Aber wie?

Gebetsmühlenartig erklingt es immer wieder: Beseitigung der Fluchtursachen! Bereits 1990 hat die Bundesregierung diesen Grundsatz in ihrer Flüchtlingskonzeption verankert. Eine interministerielle Arbeitsgruppe unter Leitung des Bundesinnenministeriums beschäftigte sich ein Jahr später mit der Fortschreibung dieser Flüchtlingskonzeption. Unter anderem forderte sie den Aufbau demokratischer Strukturen sowie eine strukturelle «Veränderung der Rahmenbedingungen innerhalb der Entwicklungsländer und zwischen Entwicklungs- und Industrieländern». An Ideen und guten Vorschlägen fehlt es also lange schon nicht, auch nicht an vollmundigen Versprechungen und hoffnungsvoll verkündeten Plänen. Nur an der Umsetzung hapert es regelmäßig.

So haben sich die reichen Länder vor über 40 Jahren verpflichtet, 0,7 Prozent des Bruttoinlandsproduktes für Entwicklungshilfe auszugeben. Davon sind viele aber noch meilenweit entfernt. Deutschland erreichte im Jahr 2015 schätzungsweise 0,41 Prozent, wobei bei dieser Quote auch Leistungen der Länder und Kommunen enthalten sind, beispielsweise die von den Ländern aufgebrachten Studienplatzkosten für Studierende aus Entwicklungsländern. Inzwischen kommt Deutschland zum ersten Mal auf die angestrebte Marke von 0,7 Prozent, weil die Kosten für die Unterbringung von Flüchtlingen eingerechnet werden, was aber mit dem eigentlichen Zweck der Entwicklungshilfe und der Armutsbekämpfung vor Ort nichts zu tun hat. Auf jeden Fall – so könnte man überspitzt formulieren – ist es den Flüchtlingen zu verdanken, dass Deutschland jetzt sein Soll erfüllt und im internationalen Vergleich ganz gut dasteht. Ohne die Ausgaben für die Flüchtlinge liegt die Quote wie in den vergangenen Jahren bei rund 0,52 Prozent. Die Höhe der Entwicklungshilfe erscheint allerdings eher bescheiden, wenn man bedenkt, dass die «Gastarbeiter», die Arbeitsmigranten, von denen die Hälfte Frauen sind, pro Jahr nach Angaben der Weltbank 575 Milliarden US-Dollar nach Hause überweisen und damit ganze Länder unterstützen. Das ist schon seit Langem dreimal so viel, wie weltweit an Entwicklungshilfe gezahlt wird. Es könnte sogar noch viel mehr sein, wenn die Gebühren für diese sogenannten Remissen, die Banken wie Western Union verlangen, nicht so unverschämt hoch – 10 Prozent und mehr – wären.

Entwicklungszusammenarbeit kann einen wichtigen Beitrag dazu leisten, dass Menschen nicht aus wirtschaftlichen Gründen ihre Heimat verlassen müssen. Aber es ist naiv zu glauben, durch sie allein könne man die Fluchtursachen wirkungsvoll bekämpfen. Denn diese sind ausgesprochen vielfältig. So zählen Kriege und Bürgerkriege zu ihnen. Wie schwer es ist, diese einzudämmen, zeigt sich gerade am Beispiel Syriens. Erschwerend kommt hinzu, dass die Industrieländer an den Konflikten in der Dritten Welt gut verdienen, da sie die Waffen produzieren, mit denen sie ausgefochten werden. Der wesentlich durch die Industrieländer verursachte Klimawandel löst weitere Flüchtlingsströme aus. Denn weltweit steigt die Zahl der Umweltflüchtlinge, die durch die Genfer Flüchtlingskonvention und andere Abkommen nicht erfasst werden.

Schwere Menschenrechtsverletzungen durch diktatorische Regime sind eine weitere Fluchtursache. Hier kann Entwicklungshilfe sogar kontraproduktiv wirken, indem sie nämlich diese Regime stützt und stärkt. Zu den Fluchtursachen zählen aber auch die verheerenden Folgen der militärischen Interventionen des Westens, insbesondere der USA im Nahen Osten, wie man eindrucksvoll im Buch von Michael Lüders «Wer den Wind sät» nachlesen kann. Durch sie ist eine ganze Region destabilisiert worden – und nicht erst in den letzten Jahren. Nicht wenige Konflikte im Nahen Osten ebenso wie in Afrika haben ihre historischen Wurzeln in der Kolonialzeit mit ihren willkürlichen Grenzziehungen.

Fluchtbewegungen können aber auch durch eine zu zögerliche oder unzureichende Intervention durch die internationale Gemeinschaft verstärkt werden. So müsste zum Beispiel das UN-Flüchtlingshilfswerk UNHCR mit mehr Geld und Personal ausgestattet werden. UNHCR leidet unter chronischen personellen und finanziellen Problemen. Das liegt daran, dass das Flüchtlingshilfswerk nur 2 Prozent seiner Gelder aus dem UN-Budget erhält. Der Rest – mehr als eine Milliarde Dollar im Jahr – muss freiwillig von Geberländern aufgebracht werden. In den Flüchtlingslagern rund um Syrien mussten daher die Nahrungsmittelrationen gekürzt werden, weil nicht mehr genügend finanzielle Hilfsmittel zur Verfügung standen. Angesichts dieser Misere und ohne Aussicht auf ein Ende des Krieges in ihrer Heimat verwundert es nicht, dass sich so viele Flüchtlinge auf den Weg nach Europa gemacht haben. Die unzureichende Ausstattung des UNHCR hat daher bei der Vorgeschichte der neuesten «Flüchtlingskrise» eine fatale Rolle gespielt.

Im Dezember 2017 stieg die US-Regierung aus dem Prozess für ein globales Abkommen zum Schutz von Migranten und Flüchtlingen aus, das ein Jahr zuvor unter Trumps Vorgänger Barack Obama ins Leben gerufen worden war. Damit sind die Pläne, bis Ende 2018 endlich weltweit die Migrations- und Flüchtlingspolitik vernünftig und unter humanitären Gesichtspunkten zu regeln, in Frage gestellt. Das Bestreben, sich so ziemlich auf allen Ebenen von seinem Amtsvorgänger unter dem Motto «America First» abzusetzen, hat dabei offensichtlich eine entscheidende Rolle gespielt. Im Schreiben zum Rückzug heißt es denn auch: «Der globale Ansatz der New Yorker Erklärung ist nicht vereinbar mit der Souveränität der USA, unsere Entscheidungen zur Immigrationspolitik müssen stets von Amerikanern, und zwar nur von Amerikanern getroffen werden.» Dies, aber auch der Ausstieg der Trump-Regierung aus dem Pariser Klimaabkommen, der Austritt aus der UNESCO, die drastische Kürzung der Finanzbeiträge für UN-Friedensmissionen und andere UN-Programme dürften das «Weltfüchtlingsproblem» weiter verschärfen und haben viele Hoffnungen zunichtegemacht.

Auch die soziale Ungerechtigkeit auf der Welt ist eine Fluchtursache: Oxfam, eine internationale Nothilfe- und Entwicklungsorganisation, zeigt in ihrem Bericht vom November 2016, dass sie «auf schwindelerregendem Niveau» ist. Ein Prozent der Weltbevölkerung besitzt danach mehr Vermögen als die übrigen 99 Prozent zusammen. 62 Menschen auf der

Welt besitzen so viel wie die Hälfte der Weltbevölkerung. In nur vier Tagen verdient ein Vorstandsvorsitzender eines der fünft größten Modekonzerne so viel wie eine Näherin in Bangladesch in ihrem ganzen Leben – so Oxfam im Januar 2018. Im Kampf gegen den Hunger wurden zwar Fortschritte erzielt. Zum ersten Mal seit Jahren ist aber die Zahl der Hungernden im Jahr 2016 wieder gestiegen: um 38 Millionen auf 815 Millionen. Dabei hat die internationale Staatengemeinschaft sich mit der Agenda 2030 vorgenommen, Hunger und Mangelernährung bis 2030 zu beenden. Gegenwärtig hat aber Hunger, der durch Kriege, Bürgerkriege oder auch den Klimawandel verursacht wird, als Fluchtursache eher wieder zugenommen.

Bereits vor 25 Jahren stellte die damalige Flüchtlingskommissarin der Vereinten Nationen, Sagato Ogata, fest: «Eine stabile Welt bekommt man nicht, wenn man seine Türen vor dem Elend schließt.» Ihr war klar, dass Flüchtlings- und Migrationsbewegungen weiterbestehen werden, wenn es nicht zu Veränderungen im Weltwirtschaftssystem kommt. Schon damals war das gesamte Bruttosozialprodukt Schwarzafrikas geringer als das von Belgien. Schon damals gingen der sogenannten Dritten Welt durch die europäischen Handelsbeschränkungen Einnahmen verloren, die zehnmal so hoch waren wie der gesamte finanzielle Umfang der westlichen Entwicklungshilfe. Schon damals waren anderthalb Milliarden Menschen unterernährt. 55 000 verhungerten täglich, was in einem Monat der Einwohnerzahl von Hamburg entspricht.

Verändert hat sich daran seitdem herzlich wenig. Durch die Protektion der Agrarwirtschaft der Europäer, Amerikaner und Japaner verliert Afrika jetzt etwa 30 Milliarden Dollar an Exporteinnahmen jährlich, was etwa der Hälfte der Entwicklungshilfe entspricht, die jedes Jahr in Afrika ankommt. Durch Zuschüsse von vielen Milliarden kann die europäische Agrarwirtschaft zu Spottpreisen Produkte wie Milchpulver, Tomatenmark oder Hähnchenfleisch in die sogenannten Entwicklungsländer liefern, was die heimischen Bauern und Händler ruiniert. Auch die Fischerei als Einnahmequelle ist vielerorts durch die europäische Fangflotte zusammengebrochen. Durch die internationale Steuerpolitik entgehen den Entwicklungsländern zudem Milliarden an Einnahmen. Die von den Industriestaaten geduldeten Steueroasen erleichtern überdies Korruption und ermöglichen es den Eliten der armen Länder, ihre ergaunerten Vermögen außer Landes zu schaffen. Seit Jahren ist der Kapitalstrom aus den Entwicklungsländern in die Industriestaaten größer als der in die umgekehrte Richtung.

Längst hat zudem ein neuer «Scramble for Africa» eingesetzt, wie der Wettlauf zwischen den Kolonialmächten um die letzten noch «freien» Regionen des Kontinents Ende des 19. Jahrhunderts genannt wurde, reißen sich ausländische Investoren so viel Land wie möglich unter den Nagel und versucht China den westlichen Einfluss auf dem Kontinent zurückzudrängen, um ihn selber wirtschaftlich auszubeuten. Im globalen Finanzkapitalismus hat ein finanzschwacher Kontinent wie Afrika, der zudem von korrupten Eliten ausgesaugt wird und seine Bodenschätze verschleudert, wenig Chancen. Sicher ist: Ohne Veränderungen im Weltwirtschaftssystem lässt sich das «Weltflüchtlingsproblem» nicht nachhaltig in den Griff bekommen.

6. Schluss: wie weiter?

Papier ist geduldig. Und so können Kommissionen und ihre Berichte eine ganze Menge davon verbrauchen, ohne dass allzu viele konkrete Folgen befürchtet werden müssen. Laut dem Sondierungspapier zur Neuauflage der großen Koalition vom 12. Januar 2018 sollen nun erneut je eine Kommission zu den Fluchtursachen und zur Integrationsfähigkeit eingesetzt werden. Dabei mangelt es wahrlich nicht an Berichten, Studien und Kommissionsempfehlungen, wohl aber an deren Umsetzung. Die Vorschläge, wie man die «helle Seite» der Migrationspolitik stärken könnte, füllen ganze Regale und reichen weit zurück. Die Sozialdemokraten etwa könnten sich an den Bericht des ersten Ausländerbeauftragten der Bundesregierung, Heinz Kühn (SPD), von 1979 erinnern, der schon damals die Versäumnisse der Ausländerpolitik anprangerte. Kühn warnte hellsichtig, «dass das, was wir heute nicht an Geld für Lehrer ausgeben, um diese jungen Menschen in unsere Gesellschaft zu integrieren, wir morgen für Polizisten ausgeben müssen».

Zwar heißt es im Sondierungspapier von CDU/CSU und SPD, man wolle «die Fluchtursachen und nicht die Flüchtlinge bekämpfen», doch ist das angesichts der in der Vereinbarung dominierenden Themen – Integrationsfähigkeit der deutschen Gesellschaft und Begrenzung der Zuwanderung auf durchschnittlich 180000 bis 220000 Personen pro Jahr – mehr als ein Lippenbekenntnis?

Alles in allem ist davon auszugehen, dass die «dunkle Seite» weiterhin im Mittelpunkt der Migrationspolitik stehen wird. Die Politiker in Deutschland und Europa werden sich der Illusion hingeben, man könne sich durch alle nur erdenklichen Abschreckungsmaßnahmen die Flüchtlinge vom Halse halten. Dazu wird man sich immer neue verwaltungstechnische Raffinessen einfallen lassen und das Problem der Grenzsicherung immer weiter nach Afrika oder sogar noch weiter weg verlagern. Den viel gepriesenen Artikel 16 des deutschen Grundgesetzes könnte man eigentlich jetzt schon abschaffen, wie es die AfD fordert. Es hätte praktisch keine Auswirkung auf die Asylverfahren, denn nur 0,7 Prozent der nach der Genfer Flüchtlingskonvention anerkannten Flüchtlinge erhielten 2017 Asyl nach dem im Grundgesetz verankerten Grundrecht. Der Flüchtling müsste dazu per Flugzeug nach Deutschland einreisen, in der Regel mit einem Visum und durch die Kontrollen im Heimatland gekommen sein. Wer über ein sicheres Drittland einreist, und das sind nun mal alle Nachbarländer Deutschlands, bekommt kein politisches Asyl.

Aber selbst die Genfer Flüchtlingskonvention, nach der vor allem die Flüchtlinge zumeist vorübergehenden Schutz finden, und die Europäische Menschenrechtskonvention werden schon in Frage gestellt, wenn es um die Bewältigung der «Flüchtlingskrise» und die Abwehr der Flüchtlinge geht. Bisher wurde wohl noch nicht die Axt an die Genfer Konvention als die Magna Charta des Flüchtlingsschutzes gelegt, weil dadurch das Ansehen Europas in der Flüchtlingspolitik weiter getrübt würde und die EU sich nicht mehr weltweit als Hüter der Menschenrechte aufführen könnte. Außerdem ist man sich darüber im Klaren, dass sich Migranten und Flüchtlinge trotzdem auf den Weg machen würden.

Bisher und nicht erst seit der aktuellen «Flüchtlingskrise», sondern seit Jahrzehnten, können nur diejenigen ihr Recht auf Schutz beanspruchen, die illegal meist mit Schleppern nach Europa gelangen, was man zurecht als pervers bezeichnen kann. Als reine Absichtserklärungen entpuppen sich die vollmundig angekündigte Neuorientierung der Flüchtlings- und Asylpolitik oder gemeinsame Anstrengungen in der Außen- und Entwicklungspolitik zur Fluchtursachenbeseitigung. Resettlement-Programme, die Ansiedlung von besonders Schutzbedürftigen aus Krisen- und Kriegsgebieten, sind bisher bei der Rekordzahl von 65,6 Millionen Flüchtlingen auf der Welt weniger als ein Tropfen auf den heißen Stein. Jährlich bestehen weltweit 80 000 solcher Resettlement-Plätze. Der Bedarf wird aber mindestens auf das Zehnfache geschätzt.

International zu vermitteln gilt es zudem, dass alle Anstrengungen zur Beseitigung der Fluchtursachen gerade auch im Klimaschutz im Interesse aller liegen. Auch wenn es den berühmt-berüchtigten Silberstreifen am Horizont im internationalen Bereich der Vereinten Nationen gibt, so wird man gerade hier die Rolle von UNHCR, der neuen Unterorganisation IOM sowie der GIZ (Deutsche Gesellschaft für Internationale Zusammenarbeit) kritisch beobachten müssen. Sie alle sollen sich um den Schutz der Flüchtlinge kümmern. Würden sie aber aktiv oder passiv bei der Umsetzung der fragwürdigen Deals mitwirken, die die EU beispielsweise mit Libyen getroffen hat, um die Flüchtlinge in Lager zurückzutransportieren, dann würden sie sich ebenfalls die Hände schmutzig machen. Das gleiche gilt, falls sie durch eine Zusammenarbeit mit Unrechtsregimen in Afrika die dortigen Verhältnisse stabilisieren würden. Die EU hat sich auf jeden Fall bei ihren Abkommen mit Libyen versündigt. Nach einer Reise nach Sizilien stellte der Flüchtlingsbeauftragte der Deutschen Bischofskonferenz, Erzbischof Dr. Stefan Heße, im September 2017 fest: «Libyen ist ein Land ohne funktionierende staatliche Strukturen. Es gibt zahllose Berichte über schwerwiegende Menschenrechtsverletzungen – gerade gegenüber Flüchtlingen ... In seiner derzeitigen Verfassung ist Libyen deshalb kein Partner für die EU-Flüchtlingspolitik.»

Seit der «Gastarbeiterzeit» waren es immer wieder die Kirchenleitungen, die als eine der wenigen ihre kritische Stimme in der Migrations- und Flüchtlingspolitik erhoben, wohl wissend, dass selbst das eigene Kirchenvolk oftmals nicht ihrer Meinung war. So sagte der Kölner Erzbischof, Kardinal Rainer Woelki, im September 2017: «Eine Politik zu loben, die die Zahlen an Migranten senkt um den Preis, dass diese an der afrikanischen Küste in Hotspots unter unmenschlichen Bedingungen festgehalten werden, kann nur als zynisch bezeichnet werden.» Der Erzbischof verurteilte auch das EU-Türkei-Abkommen. Es diene dazu, «dass wir hier augenscheinlich weiter in einer geschlossenen Gesellschaft unserem Wohlstand frönen können». Dies sei «eine Schande für Europa». Die EU hält aber trotz aller Kritik an ihrer Libyenpolitik fest. Im November 2017 bezeichnete der UN-Menschenrechtskommissar Zeid Raad al-Hussein die Zusammenarbeit mit der libyschen Küstenwache beim Aufgreifen von Flüchtlingen als «unmenschlich» und sprach von «Verbrechen am menschlichen Gewissen», was die Kommission wenig beeindruckte.

Ende des Jahres 2017 hat sich die Lage der Migranten in Libyen weiter verschlechtert. Im Dezember wurde der Bürgermeister der drittgrößten Stadt des Landes, Misrata, entführt und ermordet. Der US-Fernsehsender CNN veröffentlichte Videoaufnahmen von einer Sklavenauktion, bei der 800 US-Dollar für einen Menschen bezahlt wurden. Journalisten von CNN reisten selbst nach Libyen, um die schockierenden Bilder zu überprüfen und wurden dann Augenzeugen einer ähnlichen Sklavenauktion in der Nähe von Tripolis. In Europa blieb ein Aufschrei über diesen Skandal aus, obwohl der Sachverhalt grundsätzlich schon bekannt war. Neu war «nur», dass es regelrechte Auktionen gibt. Der Außenminister Malis, Abdoulaye Diop, der als Gast im November 2017 im EU-Parlament sprechen durfte, stellte einen direkten Zusammenhang zwischen dem Sklavenhandel und dem «Migrationsabkommen zwischen der EU und Libyen» her. Die EU habe «ohne Plan und ohne Vision» in Libyen migrationspolitische Maßnahmen ergriffen, kritisierte Diop. Sie müsse nun gemeinsam mit den afrikanischen Staaten dieses Abkommen revidieren. Gleichzeitig berichtete die Afrikakorrespondentin Bettina Rühl davon, dass die Sicherheitskräfte in Mali seit Jahren die Schlepper gewähren und sich sogar von ihnen bezahlen ließen. Nicht nur die europäische Flüchtlingspolitik, auch die mancher afrikanischer Staaten hat ihre dunkle Seite. Neben einer Willkommenskultur, die Flüchtlinge großzügig in Länder aufnimmt, die selbst zu den ärmsten der Welt gehören, besteht auch hier Unehrlichkeit. Die Afrikaexpertin Bettina Rühl bringt es auf den Nenner: «Vom System Migration leben viele, nur die Migranten sterben daran. Über die Aufnahmen von den Sklavenauktionen zeigen sich nun alle entsetzt. Die Krokodilstränen laufen dabei über weiße und schwarze Wangen.»

Dies bestätigte sich beim Gipfeltreffen der EU und der Afrikanischen Union (AU) am 29./30. November 2017 in Abidjan in der Elfenbeinküste. Die 55 Staats- und Regierungschefs aus Afrika und die Vertreter der 28 Mitgliedstaaten der Europäischen Union hatten nun alle ein Thema, über das sie sich echauffieren konnten: der Sklavenmarkt in Libyen. Eigentlich sollte es bei dem 5. Gipfeltreffen um das Motto «Jugend» gehen, aber der Sklavenhandel, ein in Afrika hoch emotionalisiertes Thema, überschattete die Tagung, an der auch Bundeskanzlerin Merkel teilnahm. Merkel bezeichnete den Menschenhandel als «empörend». Beschlossen wurde, Arbeitsmigranten und Flüchtlinge aus der Hölle der Gefängnisse auszufliegen. Eine neue gemeinsame Task Force von EU, AU und

UN soll die Lage der Migranten vor allem in Libyen verbessern. IOM wies in diesem Zusammenhang darauf hin, dass die Zahl der Migranten in den Gefängnissen zuletzt stark angestiegen sei, von etwa 5000 auf über 15000, die jetzt befreit werden sollten. Diese Zahl erscheint mehr als bescheiden, denn nach Angaben von IOM befinden sich über 400000 registrierte Migranten in Libyen. Ihre Gesamtzahl schätzt IOM auf 700000 bis eine Million. Unklar ist auch, wie eigentlich die Evakuierung der Gefangenen aus den «inoffiziellen» Lagern und «privaten Gefängnissen» ablaufen soll, zu denen die Hilfsorganisationen gar keinen Zugang haben. Von Selbstkritik oder gar von Reue war auf europäischer Seite nichts zu spüren. Sie wäre aber angebracht gewesen, denn schließlich hat die EU die sogenannte libysche Küstenwache aufgerüstet, und diese fängt seitdem verstärkt Flüchtlinge ab, die dann in den Gefängnissen landen.

Insgesamt blieb es auch auf diesem Gipfel bei vielen gutgemeinten Absichtserklärungen. Der grundsätzlich richtige Ansatz, Arbeitsplätze und Zukunftsperspektiven für die Jugend in Afrika zu schaffen, geriet in den Hintergrund. Der Korrespondent der «taz», Christian Jakob, bezeichnete die offizielle Abschlusserklärung des Gipfels denn auch als «eine Aneinanderreihung von Floskeln, für die sich niemand interessiert». Vor welcher Herausforderung Afrika und Europa stehen, machen die Zahlen deutlich: Falls der gegenwärtige Trend anhält, wird sich die Bevölkerung in Afrika von heute 1,25 Milliarden auf 2,5 Milliarden im Jahr 2050 verdoppeln. Bereits heute sind über 60 Prozent aller Afrikaner jünger als 25 Jahre. Wie sie in den Arbeitsmarkt integriert werden sollen, dazu haben weder die afrikanischen Staaten noch Europa ein Konzept. Eigentlich sollten beide Seiten zugestehen, wie hilflos und ratlos sie sind. Sicher ist, dass der Migrationsdruck aus Afrika allein schon aufgrund der Bevölkerungsentwicklung eher zunehmen wird, eine Erkenntnis, die aber bereits recht alt ist. Daran wird auch der Plan nicht viel ändern, mit dem die EU bis zum Jahr 2020 mit 4,1 Milliarden Euro private Investitionen in Afrika in Höhe von 44 Milliarden Euro anstoßen will. Dazu noch eine Zahl, die das Problem verdeutlicht: Um allein Niger flächendeckend mit Schulen zu versorgen, sind rund sieben Milliarden Euro nötig.

Auch in Abidjan stand die Migrationsabwehr im Mittelpunkt, die Angst vor den Jugendlichen, den Migranten von morgen, die es fernzuhalten gilt. Bundeskanzlerin Merkel sagte auf dem Gipfel mit Blick auf diese jungen Leute: «Wenn du illegal, mit Hilfe von Schleppern, nach Europa zu kommen versuchst, dann hast du keine Chance – möglichst keine Chance! Wenn du es auf dem legalen Wege versuchst, dann hast du nach bestimmten transparenten Kriterien auch eine Chance.» Merkel sprach sich für «mehr Studienplätze, mehr Ausbildungsplätze und auch mehr Ausbildung durch die deutsche Wirtschaft hier in Afrika» aus. Auf eine Frage bei der Pressekonferenz in Abidjan wurde sie konkreter und brachte wieder die Verknüpfung von Migration und Arbeitsmöglichkeiten in Europa ins Gespräch. Ohne sich auf Zahlen festlegen zu wollen – Bundesaußenminister Gabriel hatte von einigen hunderttausend Menschen pro Jahr gesprochen und damit die nötigen Dimensionen richtig benannt –, sagte sie: «Man kann natürlich einzelnen Ländern, mit denen man zum Bespiel im Rahmen der illegalen Migration Rückführungsabkommen hat, dann im Gegenzug auch anbieten, dass in Bereichen, in denen wir Arbeitskräfte brauchen, entsprechende Arbeitserlaubnisse gegeben werden.» Auch hier also wieder das alte Spiel von Zuckerbrot und Peitsche.

Allen Lippenbekenntnissen zum Trotz hält die Bundesregierung an dem Primat der «Flüchtlingsabwehrpolitik» fest. Und während die Pläne für eine legale Migration und eine wirksame Unterstützung afrikanischer Staaten bloße Absichtserklärungen bleiben, wird in diesem Bereich ganz konkret gehandelt. So bestätigte die Bundesregierung in ihrer Antwort auf eine Bundestagsanfrage, dass sie Tunesien weiter bei der Befestigung der Landesgrenzen unterstützt. Sie finanziert etwa Bodenüberwachungs-, Nachtsichtgeräte und Spotter, die im Süden an der Grenze zu Libyen eingesetzt werden sollen. Eine in Taufkirchen ansässige Firma, die früher Teil von Airbus war, hat die elektronischen Grenzüberwachungssysteme ausgeliefert, die von der Bundesregierung finanziert wurden. Darüber hinaus will die Bundesregierung «mit einem zweistelligen Millionenbetrag» eine fest installierte elektronische Grenzüberwachung der gesamten Grenze zu Libyen schaffen. Partnerin dabei ist die «Defense Threat Reduction Agency», eine Unterbehörde des amerikanischen Verteidigungsministeriums. So verdient nicht nur die «europäische Rüstungs- und Überwachungsindustrie» gut an der Aufrüstung der Flüchtlingsabwehr.

Statt zu einem großen Wurf anzusetzen und eine kohärente Flüchtlings- und Migrationspolitik zu entwickeln, bleibt es beim bisherigen Stückwerk, und nach wie vor bestimmt die Angst vor den Flüchtlingen die politischen Initiativen. So führte der Bundesinnenminister im Dezember 2017 weitere Prämien für die «freiwillige Rückkehr» von Asylbewerbern ein, die an die Zeit erinnern, als man unbedingt die «Gastarbeiter» wieder loswerden wollte. Und laut dem Sondierungspapier von CDU/CSU und SPD sollen die Asylverfahren in zentralen Aufnahme-, Entscheidungs- und Rückführungseinrichtungen (ANkER abgekürzt) bearbeitet werden. Wie dort Beratung und rechtsstaatliche Verfahren stattfinden können, bleibt unklar. Offensichtlich geht es vor allem um die Abschreckung der Flüchtlinge. Heribert Prantl brachte es auf den Punkt: «Es handelt sich um die Kasernierung der Flüchtlinge, um die Kasernierung ihrer Kinder und um die Kasernierung der Flüchtlingspolitik.»

Auch in Europa setzte sich der kleinliche Streit bei Abschluss dieses Buches fort. In Brüssel beriet der Europäische Rat bei einem Gipfeltreffen über weitere Verschärfungen in der Flüchtlingspolitik. In der EU stritt man sich über die Umverteilung der Flüchtlinge – Ratspräsident Tusk hatte den Streit erneut aufflammen lassen, als er vorschlug, die Verteilungsstrategie ganz zu kippen, was von Bundeskanzlerin Merkel zu Recht heftig kritisiert wurde, denn einzelne Mitgliedstaaten sollten nicht so einfach aus ihrer Verantwortung in der Flüchtlingspolitik entlassen werden. Wenig spricht also dafür, dass sich an dem in diesem Buch gezeichneten Bild in naher Zukunft etwas ändert. Europa schottet sich ab, möchte aber mit den konkreten Folgen seiner Politik, einem massenhaften menschlichen Leid, nicht konfrontiert werden, sondern seine Hände in Unschuld waschen. In schönen Worten und mit wohlklingenden Plänen wird die hässliche Fratze einer egoistischen Politik bemäntelt. Das nennt man pharisäerhafte Selbstgerechtigkeit.

Unterdessen spielt sich das wahre Flüchtlingsdrama nicht bei uns im reichen Europa, sondern in den armen Ländern in Asien oder Afrika ab, beispielsweise in der Demokratischen Republik Kongo, die aus den Scheinwerfern der Medien geraten ist. Der Bürgerkrieg hat dort schon Millionen Menschenleben gekostet, jetzt sind die gewalttätigen Auseinandersetzungen wieder ausgebrochen. Über vier Millionen sind als Binnenflüchtlinge unterwegs, die höchste Zahl in Afrika. Über 44 000 werden jeden Monat vertrieben. Außerdem beherbergt der Kongo 600 000 Flüchtlinge aus Nachbarländern. Unterernährung, Epidemien wie Masern oder Cholera bedrohen die Menschen. Wegen der vielen weltweiten Krisen und Konflikte ist aber zu befürchten, dass diese Katastrophe ignoriert wird, obwohl sie sich gerade zum größten Flüchtlingsdesaster des Jahres 2018 entwickelt.

Auch die Flüchtlingskatastrophe im Mittelmeer geht unvermindert weiter. Allein bis Ende Januar 2018 erreichten wieder 6624 Migranten und Flüchtlinge auf diesem Weg Europa. 243 kam dabei schon wieder ums Leben. Die europäische Seenotrettungsorganisation «SOS Méditerranée» berichtet von einem der dramatischsten Tage seit Beginn dieses privaten Rettungseinsatzes im Mittelmeer. 98 Menschen, alle ohne Schwimmwesten, konnten aus einem sinkenden Schlauchboot gerettet werden, für zwei Frauen kam jede Hilfe zu spät. Viele werden vermisst. Zwei Babys, die «buchstäblich unter der Oberfläche schwammen», seien durch Herzmassagen wiederbelebt worden. Kurz zuvor hätten die Helfer eine Rettungsaktion abbrechen müssen, weil die libysche Küstenwache ihnen befohlen habe, das Gebiet zu verlassen. «Diese Menschen dürfen nicht in der Gleichgültigkeit Europas ertrinken. Die Schreie der Menschen, die von der libyschen Küstenwache abgefangen werden und die an Bord sinkender Schlauchboote um ihr Leben kämpfen, müssen in Europa gehört werden», sagt Verena Papke von «SOS Méditerranée».

Es ist an uns als Bürgerinnen und Bürger etwa bei den Wahlen zum Europaparlament 2019 die dunkle Seite der Flüchtlingspolitik in Frage zu stellen. Der renommierte Kulturwissenschaftler Martin Roth, der 2017 viel zu früh verstorben ist, hat es so formuliert: «Leute wie Nigel Farage klagen, wie schlimm bei uns alles ist, zugleich sterben im Mittelmeer Menschen zu Tausenden. Wohin sind wir gekommen, wenn die Maßstäbe derart verrutschen!» Und er fügte auch im Hinblick auf den Rechtsradikalismus hinzu: «Dasitzen, sich auf seine schönen Themen und schönen Häuser zurückziehen und Ereignisse unkommentiert vorüberziehen lassen – das geht nicht mehr.»

7. Veröffentlichungen des Autors (Auswahl)

Freiwillige Rotation – Ausländerpolitik am Beispiel der baden-württembergischen Landesregierung, München 1979.

«Gastarbeiter» oder Einwanderer? Anmerkungen zur Ausländerpolitik in der Bundesrepublik Deutschland, Berlin 1980.

Das Asylanten-Problem – Ein Grundrecht in der Bewährungsprobe, Berlin 1981.

«Die neue Völkerwanderung. Werden aus Gastarbeitern Bürger?», in: Bild der Wissenschaft, 9/1982, S. 104–110.

«Ausländer und Ausländerpolitik in der Bundesrepublik. Die Fakten müssen zur Kenntnis genommen werden», in: Der Bürger im Staat: Die Türkei und die Türken in Deutschland, Stuttgart 1982, S. 94–110.

Ders./Yüksel Pazarkaya (Hrsg.): Die Türken. Berichte und Informationen zum besseren Verständnis der Türken in Deutschland, Berlin 1983.

Integration oder Rückkehr? Zur Ausländerpolitik des Bundes und der Länder, insbesondere Baden-Württembergs, Mainz/München 1988.

«Fremde in Deutschland. Kulturkontakt – Kulturkonflikt. Erfahrungen mit Menschen aus der ‹Dritten Welt›», in: Zeitschrift für Kulturaustausch 1/1991, S. 9–26.

«Auf dem Weg zu einer multikulturellen Gesellschaft?», in: Zeitschrift für Kulturaustausch, 1/1991, Stuttgart, S. 9 ff.

«Eine neue Völkerwanderung aus dem Osten?», in: Der Bürger im Staat, Landeszentrale für politische Bildung Baden-Württemberg, Heft 2, Juni 1992, S. 146–149.

«Die neue Völkerwanderung – Perspektiven für die Bundesrepublik Deutschland», in: Zeitschrift für Kulturaustausch 2/1992, Stuttgart, S. 208 ff.

«The new mass migration», in: Scala, Sept./Oct. 1992, Frankfurt, S. 10ff.

Deutschland und die neue Völkerwanderung, in: Carsten Tessmer (Hrsg.): Deutschland und das Weltflüchtlingsproblem. Opladen 1994, S. 63–75.

«40 Jahre ‹Gastarbeiter› und Ausländerpolitik in Deutschland», in: Aus Politik und Zeitgeschichte (Beilage zur Wochenzeitung Das Parlament), 25. August 1995, S. 14–22.

Ders./Martin A. Kilgus/Wolfgang Niess (Hrsg.): 40 Jahre «Gastarbeiter. Deutschland auf dem Weg zur multikulturellen Gesellschaft?» Der Schreibwettbewerb des Süddeutschen Rundfunks, Tübingen 1998.

«Die Flüchtlinge und die Medien. Festvortrag», in: AWR Bulletin, Vierteljahresschrift für Flüchtlingsfragen, Nr. 3–4/2000, S. 96–103.

«Europa vergreist. Die europäische ‹Festung› auf dem Weg zum Altersheim», in: Universitas Orientierung in der Wissenswelt, 56. Jg., Juni 2001, S. 527–579.

«40 Jahre türkische ‹Gastarbeiter›: Bitte sofort fünf Stück Hilfsarbeiter», in: Zeitschrift für Kulturaustausch, 51. Jahrgang, 4/2001, S. 21–23.

Migration. Ein Thema für Politik und Medien. Referat am 15. Dezember 2001 in Erfurt im Rahmen einer Fachkonferenz (Bezugsquelle der Studie: Büro des Ausländerbeauftragten der Thüringer Landesregierung).

«Bleiben Chancen ungenutzt? Migration und Medien», in: Medien, Migration, Integration. Elektronische Massenmedien und die Grenzen kultureller Identität, hrsg. von der Ausländerbeauftragten der Freien und Hansestadt Hamburg und der Hamburgischen Anstalt für Neue Medien (HAM), Berlin 2001, S. 125–136.

Ders./Reinhold Weber (Hrsg.): Kulturelle Vielfalt. Baden-Württemberg als Einwanderungsland, Stuttgart 2005.

Ders./Siegfried Frech (Hrsg.): Die offene Gesellschaft – Zuwanderung und Integration, Schwalbach/Ts. 2005.

Ders./Reinhold Weber: Kleine Geschichte der Ein- und Auswanderung in Baden-Württemberg, Leinfelden-Echterdingen 2009.

Stuttgart: Zuwanderung seit 30 Jahren als Chance und Bereicherung, in: Frank Gesemann/Roland Roth (Hrsg.): Lokale Integrationspolitik in der Einwanderungsgesellschaft, Wiesbaden 2009, S. 367–382.

Migration und Integration. Eine Herausforderung für Politik und Medien – nicht erst seit der SINUS- Studie, in: Herbert Quandt-Stiftung (Hrsg.): Migranten als Zielgruppe? Beiträge zur Medienrezeptionsforschung und Programmplanung, Freiburg 2010, S. 97–102.

Migration und Integration in Deutschland: Chronologie der Ereignisse und Debatten Mai 2009-Dezember 2010, in: Marianne Krüger-Potratz/Werner Schiffauer (Hrsg.): Migrationsreport 2010 – Fakten – Analysen – Perspektiven, Frankfurt am Main 2011, S. 271–354.

Medien, in: Veronika Fischer/Monika Springer (Hrsg.): Handbuch Migration und Familie, Schwalbach/Ts. 2011, S. 177–188.

Ramadanfeier im Kölner Dom – 50 Jahre Anwerbeabkommen mit der Türkei, in: Rauf Ceylan (Hrsg.): Islam und Diaspora, Analysen zum muslimischen Leben in Deutschland aus historischer, rechtlicher sowie migrations- und religionssoziologischer Perspektive, Frankfurt am Main 2012, S. 31–58.

Ausländerpolitik in den 1970er-Jahren: «freiwillige Rotation» und «Rückkehrprinzip», in: Filbinger, Wyhl und die RAF. Die Siebzigerjahre in Baden-Württemberg, herausgegeben von Philipp Gassert und Reinhold Weber, Stuttgart 2015, S. 199–215.

Medien und Flüchtlingspolitik, in: ZAR 9/2016, S. 288–292.

Schwaben schaffen das! Integrationsleistungen seit 1945, in: Die Schwaben. Zwischen Mythos und Marke, Stuttgart 2016, S. 350–355.

Einwanderung Asyl. Die 101 wichtigsten Fragen, München 2017, 3. Auflage.

Ders./Reinhold Weber (Hrsg.): Deutschland Einwanderungsland. Begriffe – Fakten – Kontroversen, Stuttgart 2017, 3. Auflage.

Zuwanderung als Thema und Aufgabe der Medien, in: Birgit Bahtic'-Kunrath/Hans Holzinger/Stefan Wally (Hrsg.): Zukunft Migration, Salzburg 2017, S. 86 ff.

8. Literaturtipps und Links

Robin Alexander: Die Getriebenen. Merkel und die Flüchtlingspolitik: Report aus dem Innern der Macht, München 2017.

Steffen Angenendt/Anne Koch: «Global Migration Governance» im Zeitalter gemischter Wanderungen. Forderungen für eine entwicklungsorientierte Migrationspolitik, Berlin 2017.

Asfa-Wossen Asserate: Die neue Völkerwanderung. Wer Europa bewahren will, muss Afrika retten, Berlin 2016.

Klaus J. Bade: Migration – Flucht – Integration. Kritische Politikbegleitung von der «Gastarbeiterfrage» bis zur «Flüchtlingskrise». Erinnerungen und Beiträge, Karlsruhe 2017.

Petra Bendel: EU-Flüchtlingspolitik in der Krise. Blockaden, Entscheidungen, Lösungen, Bonn 2017.

Petra Bendel: EU-Flüchtlingspolitik in der Krise. Blockaden, Entscheidungen, Lösungen. (Herausgegeben von der Friedrich-Ebert-Stiftung 2017).

Bertelsmann Stiftung (Hrsg.): Escaping the Escape. Toward Solutions for the Humanitarian Migration Crisis, Gütersloh 2017.

Der Bundesminister für Forschung und Technologie (Hrsg.): Gastarbeiter in der Bundesrepublik Deutschland. Ergebnisse des Forschungsverbundes «Probleme der Ausländerbeschäftigung» (Juli 1979).

Doaa – Meine Hoffnung trug mich über das Meer: Ein außergewöhnliches Schicksal, erzählt von der langjährigen Sprecherin der UN-Flüchtlingshilfe Melissa Fleming, München 2017.

Einwanderungsland Deutschland. Bericht der Kommission «Perspektiven für eine zukunftsgerichtete und nachhaltige Flüchtlings- und Einwanderungspolitik» der Heinrich-Böll-Stiftung, Berlin 2017.

Four Decades of Cross-Mediterranean Undocumented Migration to Europe. A Review of the Evidence by Philippe Fargues, Genf 2017.

Martin Geiger: Die Rolle der IOM im UN-System, in: Vereinte Nationen 5/2017, S. 201 ff.

Friedrich Heckmann: Integration von Migranten. Einwanderung und neue Nationenbildung. Heidelberg 2015.

Nicole Hirt: Die Afrika-Strategie der EU: Abschottung statt Fluchtursachenbekämpfung, Hamburg 2017 (GIGA Focus Afrika, Nr. 3 vom 2.8.2017).

Uwe Hunger/Sascha Krannich: Einwanderung neugestalten – transparent, attraktiv, einfach. (Herausgegeben von der Friedrich-Ebert-Stiftung 2017).

International Organization for Migration (IOM): World Migration Report 2018, Genf 2017.

Dina Ionesco et al: Atlas der Umweltmigration, München 2017.

Christian Jakob: Die Bleibenden. Wie Flüchtlinge Deutschland seit 20 Jahren verändern, Berlin 2016.

Konrad-Adenauer-Stiftung (Hrsg.): Integration ausländischer Arbeitnehmer (Studien zur Kommunalpolitik, Schriftenreihe des Instituts für Kommunalwissenschaften). Band 13–18. Bonn 1976/1979.

Heinz Kühn: Memorandum des Beauftragten der Bundesregierung: Stand und Weiterentwicklung der Integration der ausländischen Arbeitnehmer und ihrer Familien in der Bundesrepublik Deutschland. Bonn 1979. (Abgedruckt in: Karl-Heinz Meier-Braun: «Gastarbeiter» oder Einwanderer? a. a. O., S. 27 ff.

Michael Lüders: Wer den Wind sät. Was westliche Politik im Orient anrichtet, München 2015.

Ursula Mehrländer et al: Ausländerpolitik im Konflikt: Arbeitskräfte oder Einwanderer? Konzepte der Aufnahme- und Entsendeländer (Schriftenreihe des Forschungsinstituts der Friedrich-Ebert-Stiftung). Bonn 1978.

Migration in einer interdependenten Welt: Neue Handlungsprinzipien. Bericht der Weltkommission für Internationale Migration. New York 2015. (Deutsche Übersetzung herausgegeben von der Deutschen Gesellschaft für die Vereinten Nationen e. V. Berlin 2006)

Herfried Münkler/Marina Münkler: Die Neuen Deutschen. Ein Land vor seiner Zukunft, Berlin 2016.

Dieter Oberndörfer: Zuwanderung und Integration im demokratischen Verfassungsstaat, in: Karl-Heinz Meier-Braun/Reinhold Weber (Hrsg.): Deutschland Einwanderungsland. Begriffe – Fakten – Kontroversen, Stuttgart 2017, 3. Auflage, S. 78 ff.

Jochen Oltmer: Globale Migration. Geschichte und Gegenwart, München 2016.

Martin Roth: Widerrede ! Eine Familie diskutiert über Populismus, Werte und politisches Engagement. Stuttgart 2017.

Bettina Rühl: Ein Mensch für 730 Euro. IPG Internationale Politik und Gesellschaft vom 28. November 2017.

Sachverständigenrat deutscher Stiftungen für Integration und Migration: Chancen in der Krise: Zur Zukunft der Flüchtlingspolitik in Deutschland und Europa. Jahresgutachten 2017, Berlin 2017.

Johannes Simon: Im Namen der Demokratie: Flüchtlingsabwehr um jeden Preis, in: Blätter für deutsche und internationale Politik 11/2017, S. 65 ff.

Annette Treibel: Integriert Euch! Plädoyer für ein selbstbewusstes Einwanderungsland, Frankfurt/M. 2015.

UNHCR: GlobalTrends. Forced Displacement in 2016. Genf 2017.

Links

www.meier-braun.de
www.bamf.de
www.medienst-integration.de
www.proasyl.de
www.iom.int
www.svr-migration.de
www.rat-fuer-migration.de
www.bpd.de
www.oecd.org
www.unhcr.de
www.destatis.de
www.swr.de/international
www.swp-berlin.org
www.uno-fluechtlingshilfe.de
www.boell.de
www.migrazin.de
https://ec.europa.eu/commission/index.de
www.iwd.de/fachkraeftemangel
www.oxfam.de